市场结构的品牌经济分析

——以中国电冰箱行业的品牌竞争为例

THE BRAND ECONOMICS STUDY ON MARKET STRUCTURE

胡志刚 著

经济科学出版社

图书在版编目（CIP）数据

市场结构的品牌经济分析：以中国电冰箱行业的品牌竞争为例/胡志刚著. —北京：经济科学出版社，2013.10
ISBN 978-7-5141-3981-5

Ⅰ.①市… Ⅱ.①胡… Ⅲ.①冰箱-电气工业-品牌战略-研究-中国 Ⅳ.①F426.619

中国版本图书馆CIP数据核字（2013）第269444号

责任编辑：柳　敏　于潇潇
责任校对：王苗苗
版式设计：齐　杰
责任印制：李　鹏

市场结构的品牌经济分析
——以中国电冰箱行业的品牌竞争为例
胡志刚　著
经济科学出版社出版、发行　新华书店经销
社址：北京市海淀区阜成路甲28号　邮编：100142
总编部电话：010-88191217　发行部电话：010-88191522
网址：www.esp.com.cn
电子邮件：esp@esp.com.cn
天猫网店：经济科学出版社旗舰店
网址：http://jjkxcbs.tmall.com
汉德鼎印刷厂印刷
华玉装订厂装订
710×1000　16开　11.25印张　170000字
2013年12月第1版　2013年12月第1次印刷
ISBN 978-7-5141-3981-5　定价：29.00元
（图书出现印装问题，本社负责调换。电话：010-88191502）
（版权所有　翻印必究）

序 一

　　转变经济增长方式，首先要清楚从哪儿转到哪儿。而要清楚这一点，就要清楚经济增长方式有几种形式。从经济增长的形式看，可以将经济增长划分为四种类型：

　　第一种是自然资源型增长。即通过出售自然资源来获取财富。以自然资源为财富来源的地区，只能是富了少数资源占有者，由于自然资源输出和产成品的输入，直接导致了自然资源输出地区的价值外流，也即失血效应。从而导致自然资源地区的长期发展处于越来越贫穷的状态，自然环境也越来越恶劣。自然资源作为产成品的原料，价格越高，产成品价格更高，价值外流也就越严重！

　　如果依靠卖自然资源就能致富的话，则煤炭资源丰富的山西就该成为中国最富裕的地区，事实却并非如此。没有什么矿产资源的上海，却成为最富裕的地区。

　　近几年来，山西等煤炭价格从800多元/吨下降到500多元/吨，除了总体经济形势外，还有一个原因是国外煤炭进口所致。随着国内煤炭价格的提高，国外煤炭运到中国尤其是广州港口的价格越来越有优势。从保护资源的角度看，中国也应该加大国外煤炭的进口。因此，从长期来看，中国西部国产煤炭的价格，将处于长期的低迷状态。靠卖资源来保增长的策略，已经开始失效。

　　第二种是劳动密集型增长。即通过提供廉价劳动力来获取加工费。改革开放以来形成的"中国制造"，其实就是"中国代工"。随着劳动力成本的提高，劳动优势不断降低。永远存在比我国劳动成本更低的国家，因此，等到我国市场被培育起来之后，这些追逐低劳动成本的企业将转移到更低劳动成本的国家或地区。

改革开放以来，广东经济增长靠的就是地缘优势形成的代工经济，也就是劳动密集型增长，时至今日，随着人民币升值，土地和劳动成本的增长，导致广东等沿海地区的综合成本迅速上升，这种代工经济业已难以为继。大量的"中国制造"正在被"越南制造"、"斯里兰卡制造"等取代。

第三种是跟随低价型增长。即通过引进技术或自己设计，能够独立生产出具有一定功能的合格产品，但这些产品是模仿或跟随发达国家或地区的在位者，即山寨模式。与此同时，为了获得市场，通常采取的都是降低价格即价格战。结果，不仅存在知识产权问题，而且直接遭受发达国家或地区的多次双反调查。

不仅工业产品采取的是模仿或山寨模式，基于互联网的网站等信息产品也是如此。问题是能抄来产品形式，却抄不来创新机制，从而陷于知其然不知其所以然。经过"把黑发都谈成白发"的过程加入WTO之后，我国却成了欧盟和美国等国家最大的起诉对象，起诉的原因都是指责中国违反了倾销或补贴的有关规定。而这些被起诉的企业，多数集中在浙江等东南沿海地区。

第四种是品牌对立型增长。在市场上存在着强大的在位者的条件下，采取与强大在位者所属品类对立的策略，从而实现《孙子兵法》所主张的最高境界，即不战而胜。

国内流行一句话，说是走别人的路，让别人无路可走。既然别人无路可走，别人会怎样呢？套用电视剧《潜伏》里谢若林的话："你断别人的财路，别人就断你的生路"。

常有人和我谈起《孙子兵法》的不战而屈人之兵，总认为没法做到，觉得是孙武在忽悠人。其实，孙武在《军争篇》中明确指出以"军争之难，以迂为直，以患为利"。毛泽东的神笔之作四渡赤水，就实现了这个"军争之难"。

那么，在供大于求的过剩市场中——企业，尤其是那些后来者，如何避开与那些强大的在位者直接的竞争呢？答案就是品类对立。在《品牌经济学原理》中的品类对模型与品牌建设路径中，给出了数学证明。

其实，二战后日本经济的成功，在很大程度上，就是走了一条与欧美那些强大在位者企业所属品类相反的道路，在自己成长的过程中，并没有将对方逼入死路，从而相安无事。例如，在轿车领域，美国的福特和通用汽车以大排量为主，而日本丰田则以小排量为主。在CT机领域，美国通用电气以多功能为主，而日本东芝则是单功能。在摩托车领域，美国哈雷是大功率休闲运动，日本本田则是小功率、骑着上下班的交通工具。在手表领域，瑞士生产机械表，日本生产石英表，尽管按照日本的机械工艺，完全可以制造出与瑞士机械表质量一样的机械表。

胡志刚在读博士期间，一直从事家电行业的市场营销实践工作。我们在讨论中发现，一些外资品牌与中国国内家电企业合作之后所投入的生产要素中，除了由品牌构成的商标之外，其他要素都是国内也能具备的，但却能够以高价格获取很高的市场份额。顺着市场份额这个思路，研究产业组织，自然就想到了著名的SCP模型。但问题是在SCP分析范式中，衡量市场结构的市场份额是既定的状态参数。至于既定的市场结构是如何形成的，则不是其研究内容。在这个既定的市场结构条件下，来揭示厂商的行为以及策略和绩效。

根据供需曲线，可以看出同质化的产品，市场份额与价格高低成反比。从市场的实际来看，在技术原理一样的条件下，产品或服务的物质功能完全可以做到同质化，而唯一不同的是注册商标不同。也正因如此，品牌经济学认为企业唯一的任务，是将自己的注册商标建成目标顾客的品牌，在其产生需求时，成为其不假思索选择的排他性符号，即选择成本等于零的选择。

所以，根据品牌经济学的观点，最好的企业，不是规模最大的，而是离开谁都能良好运营的企业。而成为这种企业的唯一路径，就是将自己的注册商标，建成目标顾客的品牌。在央视报道的汶川地震救援过程中，问一个被从废墟刚救出的男孩要什么时，该男孩不假思索地说要杯可乐。

品牌经济学认为，在过剩市场中，市场结构是由消费者的选择形成的，而消费者的选择行为则是根据不同品牌的选择成本决定的，不是由价格决定的。沿着这个思路，胡志刚在撰写博士论文时，对中国家电市场结构的形成进行了揭示，从实证中可以看出，那些取得高市场份额的厂商，依靠的并不是低价格，而是建立在品牌基础上的高价格。

所以，厂商应该至少有两个团队，技术团队负责质量，品牌团队负责取悦终点目标顾客，而这恰恰是品牌溢价的根源所在。从源于短缺市场形成的供给推动增长，转到基于过剩市场的需求拉动增长，正是中国厂商乃至整个经济转型的关键所在。这就要求厂商乃至宏观政策，必须从增加生产规模导向，转到提高外部目标顾客选择效率，尤其是国家政策要从生产领域转到市场领域。

问题是，如何完成这种转变？本书给出了很好的回答。通过对中国家电尤其是冰箱行业的品牌经济学研究，给其他各个行业的厂商，也提供了很好的理论与经验支持，这便是本书的价值所在。

孙曰瑶
2013 年 10 月 30 日于泉城济南

序　二

当志刚邀请我为本书的出版作序时，我感到欣慰，也略感不安。欣慰的是，志刚坚持一边在实践中历练，一边在学术上探索，这本著作，就是他在保持工作与学习的平衡中获取的成果。在共事时，我即对于他"敏于思，笃于行"，Keep balance 的人生态度颇为嘉许。现在，更由衷地为本书的出版感到高兴。但是，我多年来一直从事企业管理和品牌营销领域的实际工作，并非高校或研究机构的教授学者，如何才能给一本学术专著做出恰当的点评，不免让人踌躇。

尽管工作很繁忙，但在通读了志刚这本《市场结构的品牌经济分析——以中国电冰箱行业的品牌竞争为例》之后，引发了我不小的兴趣。该文实证分析的对象是我所熟悉的家电行业，而且感觉他的研究角度是新的：引入市场结构维度。因此，很愿意就此谈谈几点意见：

第一，对于企业或品牌而言，竞争不是在整体市场展开的，而是在目标细分市场展开的。换言之，只有瞄准目标细分市场的营销行为才是有效的。

根据经典的 STP 理论，企业（品牌）必须首先根据购买者对产品或营销组合的不同需要，将市场分为若干不同的顾客群体，并勾勒出细分市场（Segmenting）的轮廓。在此基础上，确定目标市场（Targeting），选择要进入的一个或多个细分市场。最终，通过定位（Positioning），在目标市场顾客群中形成一个独一无二的鲜明印象。这一点，在今天的营销界已经成为了人尽皆知的常识了。但在十多年前，当我接触并阅读到艾·里斯和杰克·特拉特《定位》时，感受到这一理论带来的全新视角和现实冲力。在多年的营销实践中，"定位"一直是我极力推崇的营销思路和方法。我认为，志刚的品牌视角下的市场结构研究及其所立足的品牌经济学，通过"选择成本"揭示了消费者在品牌选择中的倾向。这可以视为定位理论在产业经济学，特别是市场结构研究方面的应用。这就把对市场结构的研究转向了消费者，并有了实证和量化的特征。对于品牌营销学研究，是一个极具实践意义的反哺。

第二，成功的品牌战略需要相当长期的坚持。从某种意义上，执著与坚持甚至本身就是成功的品牌战略的一部分。

要做到坚持并不容易，这是对企业使命与品牌愿景的考验。因为它意味着企业要敢于放弃看似唾手可得的短期利益；这也是对企业管理层和职业经理人的考验。因为它意味着企业管理者要耐得住寂寞，自觉抵御"短线操作"的诱惑。唯有如此，才可能建立一个基业长青的伟大企业（品牌）。譬如，德国西门子所坚持的"绝不为了短期利益而出卖未来"的企业理念，就为其在华家电业务的品牌积累起到了指针作用。这一点，在志刚论文的实证部分中也有充分的揭示——这就是在不同的冰箱品类中，不同的冰箱品牌都在通过长期的努力，降低目标消费者的选择成本，提高其所在品类的品牌信用度。

史蒂夫·乔布斯曾经说过"品牌就是信任"，而中国也有谚语"路遥知马力"，可见品牌价值的建立并非一朝一夕可以一蹴而就的。就这一点而言，品牌信用度的概念具有极强的现实意义，值得每个希望真正建立品牌的企业借鉴与思考。

最后，真正具有企业家精神的营销人或创业者，更应该重视如何将定位理论应用于市场机会的发现和捕捉。"哲学家只是用不同的方式解释世界，而问题在于改造世界"。我认为，商业模式的创新，源于从消费者需求中发掘出新的市场机会，从降低消费者选择成本时发现新的商业机会。因为，获得该市场（商业）机会的成本，本质上就是消费者的选择成本。

在当今的大数据时代，海量的信息可以被最大限度地整合、分析和应用。消费者选择行为的特征从来没有像今天这样被如此精密地记录和描述。这是科技发展带给所有开放的拥抱新时代的企业的商机。

序　二

在这个"互联网+物联网"的时代，小企业，甚至微企业，都可以在自己独特的利基市场（Niche Market）上进入并成为领先者，同时建立各种壁垒，逐渐形成持久的竞争优势。我相信，在这个全新的时代，致力于研究消费者选择行为的品牌经济学有着更为广阔的学术前景和实践价值。

2013 年 10 月 27 日

摘　　要

作为对市场内厂商规模分布特征、厂商行为及相互影响关系的研究，市场结构问题是现代产业组织理论的重点内容之一。从结构外生论、绩效决定论到行为决定论，包括哈佛学派、芝加哥学派在内的各主要经济学流派均侧重于从厂商角度研究市场结构，致使对于市场结构的形成无法给出令人满意的解释。本书以品牌经济学范式为分析框架，将研究的视角从厂商转移到消费者，第一次从消费者选择行为的角度研究了市场结构的决定问题。在过剩经济条件下，无论厂商的市场份额增减，还是彼此之间的竞争关系，其最终的决定因素皆是源自于消费者的选择。因此，深入研究消费者选择行为的特点，以及由此形成的品牌的作用机理，就成为了一个更贴近现实经济的解释市场结构形成的分析路径。这就是本书的主旨：对市场结构的品牌经济分析。

首先，本书通过分析市场结构理论分析范式的演进及其驱动因素，来界定本研究在理论框架中的位置。研究发现：产业经济学及市场结构理论分析范式演进的动因是方法论创新和理论范畴拓展。具体表现为新的分析工具的应用和不同经济学派对研究范畴的扩展。从经济实践看，品牌现象大量出现在现实市场经济中，品牌策略已经逐渐成为厂商竞争的主要策略性行为之一。品牌已经成为消费者选择时一个独立于价格约束的影响因素。因而，把品牌引入到市场结构的分析框架中，从厂商行为分析转向消费者行为分析，这是对经济学假设局限的改变。本书认为，引入品牌因素，实现理论范畴拓展，将可能成为市场结构理论的创新来源。

其次，对于市场结构测量的描述指标，本书提出了"品牌集中度"概念。在现实经济中，消费者选择的是品牌而不是厂商。例如，消费者选择的是一瓶可以满足其"去屑"需求的洗发水（海飞丝），而不是宝洁公司，尽管这个公司品牌同样闻名遐迩。因此，传统的市场集中度，以厂商为单元，测量其规模、分布特征等，仅仅说明了该行业的生产状况，而无法揭示以消费者选择为基础的真实市场竞争状况，更无法解释以品牌为单元的市场结构的形成与变迁。这也是结构主义最为人诟病的缺陷。本书通过改进的品牌需求函数，构造出一个简单的品牌集中度模型作为衡量市场结构的测量指标。品牌集中度，以单一品牌的市场份额为基本指标，以市场上各种品型或品类的销售额百分比为权重，对各品型或品类市场上的前几个（一般为4个）品牌的市场份额之和进行加权处理，得出整个市场的集中度。品牌集中度，不仅说明品牌在市场上的地位高低和对市场支配能力的强弱，更反映出该品牌在不同子市场上的品牌策略。这符合对消费者选择产品的一般规律的描述。本书研究表明：基于不同的产品生命周期，品型市场规模的环比增幅越大，某一或几个品牌在该品型市场上的市场份额越大，则品牌集中度越高。反之，品牌集中度越小。

第三，本书通过实证研究，考察了消费者选择过程中品牌需求价格弹性在不同选择条件下的差异。经典的需求函数理论认为，决定某种商品需求量的主要因素是该商品的价格（自价格），其他商品的价格（互价格）以及消费者的可支配收入。一般来说，品牌市场份额越大，其需求价格弹性越小。本研究则表明当某一品牌在某一个品型市场上，消费者选择该品牌产品的选择成本趋近于零时，主要表现为市场份额越大且市场份额环比增幅越大，该品牌在该品型市场上的品牌需求价格弹性越大。反之，品牌需求价格弹性越小。这表明了品牌机制作为消费者选择约束条件的作用。同时也说明了价格机制发挥作用的前提条件是选择成本为零。

第四，本书认为，品牌之间的竞争并不是在所有的市场范围和产品空间展开的，不同的品牌或品牌集群总是通过不同的品牌策略和价格策略，尽可能地扩大品牌在某一个市场区间上的市场份额。基于这

摘 要

一认识，本书提出了"品牌分异度"概念，来说明细分市场下的市场结构演变问题。在市场规模和产品空间扩大的过程中，单一品牌的扩张将使得消费者选择成本增加。因此，品牌分异或分化成为竞争的必然结果。本书研究表明，导致品牌分异的原因主要是在位品牌缺乏市场势力、竞争效应和市场规模的扩大。品牌分异伴随着市场浓度的下降，通常会引发市场结构的松散。

第五，本书基于品牌的非对称优势提出了"品牌壁垒"。进入壁垒是市场结构决定的重要影响因素。高集中度是保持厂商市场势力的必要条件而非充分条件。正如保罗·萨缪尔森指出的那样，如果潜在的供给弹性足够大，高集中度并不意味着垄断势力。传统产业组织理论均把规模经济、产品差异化等作为进入壁垒的主要决定因素。本书通过研究发现规模经济和高集中度并不必然带来高的进入壁垒。由于消费习惯和品牌认知的存在，消费者持续选择在位品牌是降低选择成本的方式之一，因而，相对于潜在进入者，在位品牌具有更低的转换成本。根据对称性，较低的转换成本也就意味着较低的选择成本。因此，当在位品牌选择成本较高时，因消费者转而尝试新品牌的转换成本较低，具有较低选择成本的品牌就很容易进入该市场。

本书的主要贡献在于：(1) 第一次从消费者角度研究了市场结构的形成与演变问题。品牌经济学原理的原创性在于打开了消费者选择行为的"黑匣子"，并通过"选择成本"这一概念对其进行刻画。本书在品牌经济学分析范式下，对消费者选择的对象——品牌数量分布的表述给出了全新的测量方式；对消费者选择过程的约束条件（价格机制、品牌机制）的发生机制及其对选择行为的影响方式进行了考察；由于竞争的驱动，市场存在着不断细分的冲动，本书对市场范围和产品空间内的品牌分化现象进行了研究；对于在位品牌和潜在进入者之间的竞争，本书着重分析了选择成本与品牌不对称优势之间的关系。并在此基础上提出了品牌壁垒的概念。(2) 本书的研究所应用的分析框架、基本概念和学理思路均建立在品牌经济学现有的学术成果上，体现出了较好的继承性和发展性。本书把品牌要素引入对市场结构的分析中，为品牌的经济理论具体应用于产业（行业）分析研究建立起一个较为完整的分析框架。

纵观全书,与传统产业组织理论的市场结构分析不同,本书并没有把结构作为外生的、静态的起点,也没有结构把视为厂商之间行为的产物。本书的研究结论是:市场结构是消费者选择的结果。选择成本越低,品牌的信用度越高,则该品牌的市场份额也越大,其品牌壁垒也越高。相应地,品牌集中度也越高。

目　录

第1章　导　论 ··· 1
  1.1　问题的提出 ··· 1
  1.2　市场结构相关研究述评 ··································· 8
  1.3　研究思路与研究方法 ···································· 18
  1.4　研究框架与内容 ·· 25
  1.5　创新点与不足 ·· 28
  1.6　本章小结 ·· 30

第2章　问题的展开 ·· 31
  2.1　引言 ·· 31
  2.2　市场结构的理论发展回顾 ································ 33
  2.3　市场结构分析范式演进的动因分析 ························ 38
  2.4　本章小结 ·· 44

第3章　市场结构决定的品牌经济模型 ···························· 46
  3.1　品牌视角下的市场结构决定 ······························ 46
  3.2　基于品牌的市场结构描述指标 ···························· 50
  3.3　市场结构决定的品牌因素分析 ···························· 53
  3.4　本章小结 ·· 60

第4章 品牌集中度的度量研究 ………………………… 62

 4.1 品牌集中度模型 …………………………………… 62
 4.2 品牌集中度演进分析 ……………………………… 69
 4.3 现实解释1：中国电冰箱行业集中度演变 ……… 73
 4.4 现实解释2：搜索引擎市场的"百度"、"谷歌"
   之争 ………………………………………………… 76
 4.5 本章小结 …………………………………………… 79

第5章 品牌需求价格弹性与市场份额关系研究 ……… 81

 5.1 问题的提出 ………………………………………… 81
 5.2 品牌需求函数与消费者品牌定价模型 …………… 84
 5.3 研究假设与实证设计 ……………………………… 87
 5.4 实证模型与结果 …………………………………… 88
 5.5 发现与解释 ………………………………………… 96
 5.6 中国消费者电冰箱购买行为的调查分析 ………… 100
 5.7 本章小结 …………………………………………… 107

第6章 品牌分异度及其对市场结构的影响研究 ……… 109

 6.1 看到的现象：品牌集群与市场结构松散化 ……… 109
 6.2 相关研究文献 ……………………………………… 113
 6.3 品牌分异度 ………………………………………… 115
 6.4 品牌分异的驱动因素 ……………………………… 116
 6.5 品牌分异的价格行为分析 ………………………… 119
 6.6 本章小结 …………………………………………… 124

第7章 品牌壁垒及其对市场结构的影响研究 ………… 126

 7.1 看到的现象 ………………………………………… 126
 7.2 问题的提出 ………………………………………… 128
 7.3 产品分配效率与品牌壁垒 ………………………… 131

7.4 品牌壁垒的特点 …………………………………… 135
7.5 若干现实解释 …………………………………… 139
7.6 本章小结 ………………………………………… 141

第8章 简要总结及研究展望 …………………………… 142

8.1 简要总结 ………………………………………… 142
8.2 研究展望 ………………………………………… 143

参考文献 ………………………………………………… 145
附录 ……………………………………………………… 155
后记 ……………………………………………………… 157
跋 ………………………………………………………… 160

第 1 章

导　论

1.1　问题的提出

　　本书要解答的问题是：市场结构是如何形成和演进的？

　　市场结构，即规定构成市场的卖者（企业）相互之间、买者之间以及卖者与买者集团之间等诸关系的因素及其特征，是现代产业组织理论研究的中心内容。在具体讨论某一行业的市场结构时，更多关注的是该行业的卖方市场结构状况。因此，市场结构通常被概括为"在特定的市场中，企业在数量、份额、规模上的关系，以及由此决定的竞争形式"。[①]

　　但是，对于市场结构是如何形成的这一基本前提问题，包括哈佛学派、芝加哥学派和新产业组织学派在内的主流产业经济学，却均未给出合理解释。

　　哈佛学派的奠基人贝恩开创了基于"集中率—效率"假说的"结构—行为—绩效"（SCP）分析框架，通过考察同一产业（市场）中不同企业之间的关系及其决定因素来研究市场结构，并将市场结构最突出的特征归纳为4点：卖方集中度、买方集中度、产品差别程度和

[①] 夏大慰：《产业经济学》，上海财经大学出版社2000年版。

进入壁垒的状况。① 在以后的产业组织理论研究中，多数学者关于市场结构的概念和因素都基本与此吻合，只不过在其包括的决定因素方面有所差别。②

此后，主流产业经济学的各个学派围绕着哈佛学派的结构主义范式、实证研究方法等问题展开了激烈的争论，如芝加哥学派强调的效率决定论，新产业组织学派的策略性行为论，在结构、行为和绩效三者之间的关系上进行了深入研究，推进了产业组织理论的发展。但对于市场结构的形成与演进却未给予解释。

20世纪80年代起，我国学者开始引进和介绍西方产业组织理论，并依据这些理论成果对国民经济各部门、各行业进行了广泛而深入的实证研究。但是，对于市场结构概念及其决定均给予基本认同，也未做深入研究。③

对市场结构如何形成这一问题的忽视，给理论研究与实证分析都带来了一种"尴尬"：理论方面，芝加哥学派和新产业组织学派均对

---

① Bain, J. S., Industrial Organization, New York: John Wiley & Sons, Inc., 1959.
② 如新产业组织理论的代表人物泰勒尔（Tirole）就将市场结构理解为：市场结构，即规定构成市场的卖者（企业）相互之间、买者之间以及卖者与买者集团之间等诸关系的因素及其特征。而决定市场结构的主要因素有：集中（包括卖者集中和买者集中）；产品的差别化；新企业的进入壁垒。
③ 如杨治认为，"市场结构，即规定构成市场的卖者（企业）相互之间、买者之间以及卖者与买者集团之间等诸关系的因素及其特征。而决定市场结构的主要因素有：集中（包括卖者集中和买者集中）；产品的差别化；新企业的进入壁垒。"刘志彪认为，"市场结构是指产业市场内卖方之间、买方之间、买卖双方集团之间以及已有的卖方（或买方）与潜在进入的卖方（或买方）之间关系的状况及其特征。反映市场结构状况的概念和指标有：市场集中度、产品差别、进入壁垒、市场需求增长率、市场需求的价格弹性等，其中最为主要的是前三者。"夏大慰在他主编的《产业组织学》一书中，认为"所谓结构，通常是指构成某一系统的诸要素之间的内在联系方式及其特征。在产业组织理论中，市场结构是指规定构成市场的卖者（企业）之间、买者（企业或消费者）之间、买者集团与卖者集团之间以及市场上已有的买者和卖者与准备进入市场的潜在的买者和卖者之间等诸关系的因素及其特征"。显然，这个概念涵盖了买方市场和卖方市场两个方面。而事实上，人们在具体讨论某一行业的市场结构时，更多关注的是该行业的卖方市场结构状况。因此，市场结构通常被概括为"在特定的市场中，企业在数量、份额、规模上的关系，以及由此决定的竞争形式"。参见杨治：《产业政策与结构优化》，新华出版社1999年版；刘志彪等：《现代产业经济分析》，南京大学出版社2001年版；夏大慰：《产业经济学》，上海财经大学出版社2000年版。

传统的结构主义分析范式进行了批判或扬弃，但总体上并未走出 SCP 范式。从结构外生论，到绩效决定论，再到策略性行为论，无非是强调的侧重点有所不同；实证方面，尽管分析工具不断进步，但基本思路仍是刻画集中度指标（如绝对集中度、赫芬达尔指数等）与经济利润（大多数情况下采取了会计成本）之间的相关关系。贝恩方法的缺陷并未克服。

本书尝试以品牌经济学选择成本分析范式为切入点，把研究视角从厂商转向消费者，通过对消费者选择行为最为直接的介质——品牌，来解释市场结构的形成与演进。

1.1.1 问题的提出——消费者选择行为对市场结构的影响

通过上述分析我们发现，对市场结构形成和决定的研究主要集中在生产领域，即对厂商行为和厂商之间相互关系上。而影响市场出清最重要的环节——消费和消费者则被全然漠视。从研究范式意义而言，产生这一缺陷的根源在于新古典经济学的分析以产量为约束条件。在新古典经济学的世界里，交易成本和选择成本为零。

品牌经济学的创新意义就在于改变了经济学研究的约束条件，扩大了经济学分析的范畴。与科斯定理类似，孙曰瑶、刘华军（2007）提出了品牌经济学定理。在选择成本为零的条件下，品牌与资源配置无关，这可以称为"品牌经济学第一定理"。然而事实上，选择成本为零的情况是不存在的，现实中选择成本是大于零的。在选择成本为正的条件下，品牌是重要的，品牌信用度的高低影响了资源配置。在品牌信用度较高的条件下，选择成本较低，则选择效率较高，可以促进资源配置；反之则阻碍资源配置。此可以称为"品牌经济学第二定理"。①

这两大定理勾勒出了商品过剩和消费者选择条件下的资源配置机

---

① 刘华军：《新制度经济学与品牌经济学分析范式的比较研究》，载于《天府新论》2007 年第 5 期，第 38 页。

理，为本书的研究提供了理论视角。如果说在供不应求的市场条件下，市场结构的决定因素主要来自于厂商方面，在供过于求的市场条件下，消费者作为选择主体必然对市场结构产生决定性的作用。下面，我们从两个方面来深入分析：

1.1.1.1 消费者选择行为与市场结构

从消费者选择行为角度考虑市场结构形成及演变的动因，首先就要考察消费者选择行为或品牌[①]对价格的影响。库柏（Cooper，1969）认为，当人们认为价格太高时，会拒绝购买。[②] 相反，当价格比他们可以接受的还要低得多时，他们会怀疑产品的质量。达德森（Dodsons）等人（1978）和布拉特伯格（Blattberg）和纳斯林（Neslin，1990）从另一个角度进行的研究表明[③][④]：打折可能对质量判断有负面影响。如果消费者购买打折的产品，他们常会认为，产品质量是差的，所以才会打折。舒曼和皮特（Schuman D. R. & Petty E.）和卡西奥普（Cacioppo T.）在《沟通与说服》（Communication and Persuasion）一书中提出的认知精细加工可能性模型认为，在低卷入条件下，消费者可能基于品牌意识作出选择。[⑤] 换言之，从消费者选择理性角度讲，价格不再是唯一考虑因素，消费者的需求量是价格或货币成本与选择成本共同决定的。这对于厂商（品牌）市场份额的扩大或缩小具有重大意义。

其次，消费者的购物需求驱动品牌分异。据麦肯锡（Mckinsey In-

---

① 在品牌经济学理论中，当选择成本趋近于零时，消费者选择行为与品牌具有相同的经济学含义。
② Cooper, P., "The Begrudging Index and the Sugjective Value of Money", in Taylor, B., Wills, G., Pricing Strategy, London: Staples Press Ltd., 1968: 122 – 131.
③ Dodsons, J. A., Tybout, A. M., Sternthal, B., "Impact of Deals and Deal Retraction on Brand Switching", Journal of Marketing Research, 1978, 15 (1): 72 – 81.
④ Blattberg, R. C., Neslin, S. A., Sales Promotion Concepts, Methods, and Strategies, New Jersey: Prentice – Hall, 1990.
⑤ Schuman D. R., Petty E., Cacioppo T., Communication and Persuasion, New York: Springer – Verlag, 1986. 转引自黄合水、雷莉：《品牌与广告的实证研究》，北京大学出版社2006年版，第18页。

sights China)《2010年度中国消费者调查报告》[①]显示，中国消费者总是将产品的基本功能属性（即产品是不是好用/好吃）当做最重要的关键购买因素。虽然现在仍是如此，但是在调查中也发现了消费者在采购时开始逐渐注重一些更复杂的购买因素。例如购买平板电视时不再只专注于画质（部分原因是如今电视机的画质远远优于传送信号的质量），还会考虑外观美感或创新功能等。此外，洗衣粉购买者越来越看重产品的"怡人气味"（从2008年的40%上升到2013年的61%）和"引人注目的包装设计"（从2008年的16%上升到2013年的28%）。在其他国家，这个趋势说明消费者对产品的诉求超越了产品的基本功能，消费者日渐凸显出差异化的个人品位。而这一趋势反映到市场竞争中就是将有更多的品牌出现，这就是品牌的分异趋势。为了满足消费者多元化和个性化的需求，市场中的品牌始终存在着分异的张力，而这将对市场结构产生巨大影响。

最后，从消费者行为角度评估市场绩效，对市场结构的品牌经济分析具有重大意义。近年来，通过消费者满意度来测量市场绩效指标的研究工作，许多学者将消费者满意度概念引入到产业组织研究领域。如美国学者爱泼斯坦（Epstein）在1980年就指出，"采用一个整体消费者的满意度水平和累积的消费者满意度将使市场绩效的测量趋于简易"。在其后的1983年，费耐尔（Fornell）和罗宾森（Robinson）又进一步解释了将消费者满意度作为市场绩效测量指标的基本原理，[②]他们认为，在竞争的市场中，那些能从竞争对手处争夺消费者的企业，一定是在满足消费者偏好方面做得富有成效，即该企业的消费者满意度高，因此，消费者满意度高反映市场绩效高。费耐尔还认为，市场绩效是消费者偏好和企业提供产品或服务之间的匹配过程，这种匹配过程促使产业内资源有效配置，促进消费者剩余和社会福利最大化。1996年，安德森（Anderson）的进一步研究证实，尽管

---

① http：//www.mckinsey.com/insights/China.
② Fornell, Claes, Robinson, William T., Industrial Organization and Consumer Satisfaction/Dissatisfaction, Journal of Consumer Research, 1983.

消费者满意度不是直接测量消费者剩余，但确实与消费者剩余有相关性。① 本书认为，消费者选择成本的最小化将成为厂商在追求最大化市场出清的最主要的约束条件之一。

1.1.1.2 品牌与市场结构

最早注意到品牌对消费者购买产生影响的是英国经济学家琼·罗宾逊（Joan Robinson）。她在分析20世纪30年代"寡头垄断市场"特征时认为："同一类物品的众多不同品牌，在其各自的名称和标签下以不同的产品质量出售。这些名称和标签诱导了那些富有、势利的消费者通过购买不同的消费品，把自己和贫穷的消费者区别开来。"② 尽管，琼·罗宾逊的观点不无道理，但是她却忽略了许多因素。产品和品牌的一个重要区别就是产品是带有功能性目的的物品，而品牌除此之外，还能提供别的东西。"品牌，是能够为消费者提供其认为值得购买的功能利益及附加价值的产品。"③ 而在现代市场经济中，品牌对于市场结构的意义主要体现在以下三个方面：

第一，品牌是厂商市场份额的主体。而"市场份额是决定市场结构的核心因素"④ 而在现实的市场竞争中，品牌构成了市场份额的主体。譬如，在日化市场，宝洁洗发水占据60%多的中国市场份额，但是通过旗下飘柔、海飞丝和潘婷三大品牌实现的。⑤ 家电市场同样如此。目前，国产品牌中，海尔拥有"海尔"、"卡萨帝"品牌；美的拥有"美的"、"荣事达"、"小天鹅"；海信拥有"海信"、"容声"、"科龙"和"康拜恩"；外资品牌中的BSH集团拥有"西门子"、"博

---

① Anderson, Eugene W., Customer Satisfaction and Price Tolerance, Marketing Letters, 1996.
② John Robinson, The Economics of Imperfect Competition, London: Macmilliar, 1933, reprinted 1955, pp. 180–181.
③ 约翰·菲利普·琼斯：《广告与品牌策划》，机械工业出版社2000年版。
④ William G. Shepherd, The Treatment of Market Power, New York: Columbia University Press, 1975; F. M. Scherer and David N. Ross, Industrial Market Structure and Economic Performance, 3nd ed. (Boston: Houghton Miffin, 1991). 转引自 [美] 威廉·G·谢泼德：《产业组织经济学》，中国人民大学出版社2007年第5版，第98页。
⑤ http//finamce.sina.com.cn/leadership/case/20100819/09308509212.shtal.

世"、"康西达"和"嘉格纳"。各个厂商都是通过品牌来不遗余力地获取更高的市场份额。

第二，品牌是消费者选择的依据。品牌通过传递产品的功能属性和情感属性，有助于将产品和消费者的内在需求联系起来。这种联系是通过消费者与品牌之间的各种互动形成的，进而产生一种体验，并成为消费者选择的依据。[①] 品牌主体必须包括以下组成部分：(1) 功能属性。这些属性表示的是品牌所擅长的方面，或品牌的能力。对于食品品牌而言，功能属性是指"味道好"；对于香皂品牌而言，是指"皂沫多"；对于家用清洁剂品牌而言，是指"去污力强"。功能优点是任何品牌取得成功的前提条件。(2) 情感属性。它们代表的是品牌所激发出的感情，用于衡量品牌给用户带来的感觉和品牌帮助用户实现的目标。情感属性的实例包括兴奋、愉悦和安宁。玉兰油（Oil of Olay）通过帮助女性改善皮肤，使她们感觉到美丽。科克（Coke）是作为一种"酷"的品牌而为人所知的，清洁先生（Mr. Clean）代表的是"强壮"，多芬（Dove）的形象则是"亲切柔和"。

第三，品牌具有相对独立的可交易性。在产业组织理论的市场结构决定中，并购是一个非常重要的决定因素。但是，今天的厂商并购不仅也不再是对公司的兼并，更为普遍的是对公司旗下的品牌或品牌组合进行收购。品牌交易成为企业并购的主要形式之一。国际市场上，以擅长收购战著称的宝洁，其主流产品，只有少数系自己研发，大多来自并购：2001年年底，宝洁以49.5亿美元收购伊卡璐；2003年，收购欧洲威娜，进入欧洲美发市场；2005年，以570亿美元天价换股收购吉列（Gillette），创下当时全球最大并购案。[②] 在中国市场，品牌并购已经成为跨国公司绕过进入壁垒，迅速消灭中国本土品牌的

[①] 关于对品牌物质属性和情感属性的经济学解释与论述，参见刘华军：《品牌效用函数及消费者品牌选择行为分析》，载于《山东财政学院学报》2006年第4期，第71页。

[②] http://finamce.sina.com.cn/leadership/case/20100819/09309509212.shtml.

· 7 ·

竞争手段。① 近年来，特别是在2008年年底全球金融危机爆发后，中国企业集体实施"走出去"战略，成为海外投资大国，且将并购的重点放在了品牌并购上。②

1.2 市场结构相关研究述评

1.2.1 国外研究近况综述

作者通过《产业经济学杂志》(*The Journal of Industrial Economics*, http：//www.rje.org)、《兰德经济学杂志》(*RAND Journal of Economics*, http：//www.jstor.ac.uk/journals)、《法律与经济学杂志》(*Journal of Law and Economics*, http：//www.journals.uchicago.edu)、《产业组织学评论》(*Review of Industrial Organization*, http://kapis.www.wkap.nl) 等国外主要产业组织理论学术期刊的网站资源，以"市场结构"(Market Structure) 为关键词进行搜索，获得100多篇相关论文。主要研究内容为以下几个方面：

---

① 对于中国消费者印象最深的，当属宝洁收购本土日化品牌"熊猫"。北京日化二厂的洗衣粉"熊猫"品牌在20世纪90年代初就享有盛名，但和宝洁合资6年后，"熊猫"洗衣粉几乎告别市场，使得宝洁给国人留下了收购竞争对手然后消灭它们的印象。宝洁前CEO雷富礼接受采访时解释："我恐怕不能告诉你这（收购）是不是我们的计划，因为我们本来是想给中国的本土品牌带来希望，告诉他们可以成为大品牌，但是我们显然做得太多了。我们野心太大了，想把事情一气呵成，我们为其亏损很多，所以当亏损到一定程度，我们必须进行整合兼并。"就连福建著名的电池品牌南孚电池，在经过长期而复杂的资本运作后，也成为宝洁旗下的资产，和吉列旗下的金霸王电池一起，构成宝洁的电池业务。但在南孚电池标签上，人们看不到P&G标志。资料来源：http：//china.toocle.com/cbna/item/2010-08-20/5350082.html。

② 2008年，海外并购达到了302亿美元，占当年对外直接投资的54%，也就是说我们有一半的对外投资是通过海外并购实现的，2009年，海外并购175亿美元，占当年对外投资的31%，有1/3的对外投资是通过对外并购实现的。近年来，中国每年海外并购达到几百件，其中有相当一部分是品牌并购，现在海外并购比较活跃的行业包括石油、有色金属、汽车、金融、电子、电讯等，从海外并购的实际发展情况来看，海外资产和股权等类型的并购是比较成功的，但品牌和技术并购基本是不成功的。资料来源：http：//money.163.com/10/1102/16/6KGFP9AU00254JSO.html。

第1章 导　论

（1）产品差异化与市场结构的研究。如中野豪雄（Takeo Nakao）[1]（1982）研究在动态条件下市场结构与产品质量水平的问题，将纳拉夫－阿罗－古德（Nerlove－Arrow－Gould）模型从广告行为拓展至研发行为（R&D）。斯蒂芬·贝里（Steven T. Berry）[2]、纳拉夫－阿罗－古德（1994）研究了产品差异化条件下的不连续性选择模型的评估问题。与传统寡占市场供求分析将价格内生化不同，贝里的研究表明，在产品差异化条件下，定价与未知的需求因素明显相关。迈克尔·马泽（Michael J. Mazzeo[3]，2002）研究了产品差异化选择与寡占市场结构的关系。通过研究美国高速公路的汽车旅馆市场，指出了满足差异化的产品质量选择是企业实施差异化的有效手段。

（2）运用博弈论研究企业行为。詹姆斯·丹纳（James D. Dana, Jr.[4]，1999）提出需求不确定性条件下的均衡价格离散。对垂直约束的研究，如阿米斯·安东（Ames J. Anton）和古博尔·达斯·法尔玛（Gopal Das Varma[5]，2005）通过构造一个买方存储商品实现套利的两阶段模型，指出"中间存储成本"（Intermediate Storage Costs）将导致寡占市场的多点均衡。竞争对潜在进入的影响，如奥托·特维和迈克尔·沃特逊（Otto Toivanen, Michael Waterson[6]，2005）对1991年至1995年英国快速食品（夹饼）市场的分析之后发现了双寡头市场上市场结构与进入之间的关系：厂商之间的竞争将扩大市场容

---

[1] Takeo Nakao, Product Quality and Market Structure, RAND Journal of Economics, Spring 1982, Volume 13, No.1, pp.133–142.

[2] Steven T. Berry, Estimating Discrete－Choice Models of Product Differentiation, RAND Journal of Economics, Summer 1994, Volume 25, No.2, pp.242–262.

[3] Michael J. Mazzeo, Product Choice and Oligopoly Market Structure, RAND Journal of Economics, Summer 2002, Volume 33, No.2, pp.221–242.

[4] James D. Dana, Jr. Equilibrium Price Dispersion Under Demand Uncertainty: The Roles of Costly Capacity and Market Structure, RAND Journal of Economics, Winter 1999, Volume 30, No.4, pp.632–660.

[5] Ames J. Anton and Gopal Das Varma, Storability, Market Structure, and Demand－Shift Incentives, Autumn 2005, Volume 36, No.3, pp.520–543.

[6] Otto Toivanen and Michael Waterson, Market Structure and Entry: Where's the Beef? Autumn 2005, Volume 36, No.3, pp.680–699.

量,从而提高可变利润,从而促进了厂商的产品差别化、学习能力和市场势力。

运用博弈论对品牌进行的研究主要集中于品牌行为方面,"在寡头垄断的市场结构中,企业不再被动的面对环境"①,这是当今产业组织理论引入博弈论,特别是大量运用非合作博弈(Noncooperative Games)理论的主要原因。较有代表性的文献如:西曼(Sayman,2002)等发表于《营销科学》(Marketing Science)的《店内品牌定位》(Positioning of Store Brand),用一个博弈模型确定了零售商的最佳战略是使商店品牌定位尽可能地接近强势全国性品牌的情况下的一系列条件。西曼(Sayman,2004)等在《类型特性如何影响店内品牌数量》(How Category Characteristics Affect the Number of Store Brands Offered by the Retailer: a Model and Empirical Analysis)一文中,构建了一个博弈模型,研究零售商在有些产品类别提供多个商店品牌的原因并以实验进行了验证。研究者们运用博弈论对多个品牌问题进行了从不同角度的研究,但归结起来,都是关于品牌定位、品牌建立、品牌维护、品牌创新等品牌行为方面的议题。

(3)规制与市场结构的关系。如斯蒂芬·瓦拉柏(Steven Klepper)和伊丽莎白·格雷迪(Elizabeth Graddy)②,1990年研究了对早期行业进化的监管可能会影响到成熟时期市场结构的形成。凯利·克里·瑞柏、阿伦·洛夫和理查德·沙姆威(Kellie Curry Raper, H. Alan Love, C. Richard Shumway③,2007)重新评估了市场势力的来源。他们运用非参数检验和SRB检验方法对1977年至1993年间的美国烟草制造行业的市场势力进行了评估。两种检验方法均显示出在垄断市场结构下烟草制造行业向上游延伸其市场势力的事实。

---

① 吉恩·泰勒尔:《产业组织理论》,中国人民大学出版社1997年版,第264页。
② Steven Klepper and Elizabeth Graddy, The Evolution of New Industries and the Determinants of Market Structure, Spring 1990, Volume 21, No. 1, pp. 27 – 44.
③ Kellie Curry Raper, H. Alan Love and C. Richard Shumway, Distinguishing the Source of Market Power, American Journal of Agricultural Economics, Vol. 89, No. 1 (Feb., 2007), pp. 78 – 90.

第1章 导　论

此外，对新兴行业和新兴市场的研究。近年来国外产业组织理论的一个研究趋向是加强了对新兴行业和新兴市场的研究。对新兴行业的研究，如对有线电视、快速食品和医药市场等的研究；对新兴经济体的研究，如对中国和印度的研究等。

综上所述，我们发现，当前国外主流产业组织理论对市场结构的研究主要集中在市场行为和反垄断上。此外，对中国、印度等新兴经济体的关注和研究也成为一个新的趋势。

1.2.2　国内研究近况综述

1.2.2.1　文献检索分析

1. CNKI 知识元数据库检索

笔者以"市场结构"为关键词，以中国期刊全文数据库、中国博士论文全文数据库、中国优秀硕士论文全文数据库和中国重要会议全文数据库为检索范围，搜索近20年来（1990~2009年）市场结构研究的国内文献，并对其总量年度变化进行统计，如图1-1所示。

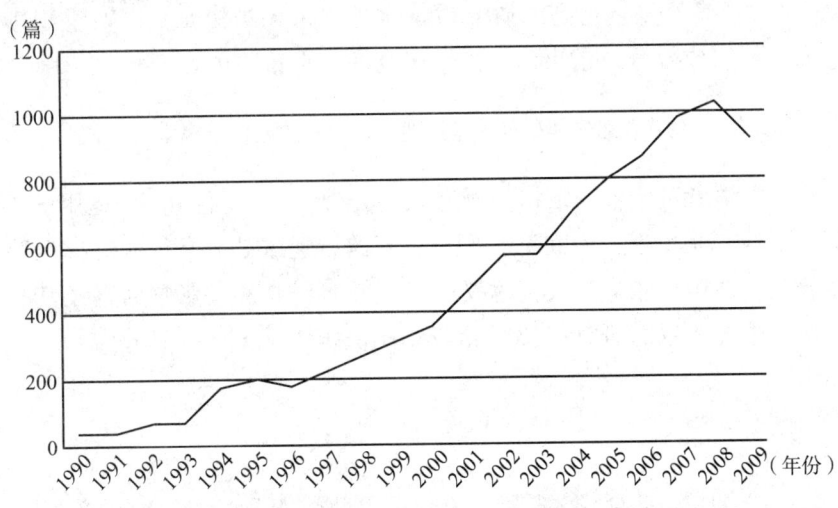

图1-1　与"市场结构"相关的文献总量变化趋势

资料来源：CNKI 知识源数据库。

从该主题的学术关注度变化可知，自 20 世纪 90 年代以来，对市场结构的研究持续增加，2009 年虽稍有下降，但仍维持在较高水平，文献总量累计约 930 多篇。

2. CSSCI 来源期刊（经济学类）近 5 年论文概览

笔者以"市场结构"为标题关键词，通过检索 CSSCI 来源期刊经济学类刊物排名前 32 位的期刊①，对其近 5 年来发表的关于市场结构研究的相关论文进行文献检索，并对论文摘要进行了仔细的检查，以确定论文内容合适与否，最终得到相关主题研究论文的刊物分布和数量分布统计，如表 1 - 1 所示。

最近 5 年，在上述学术期刊中，共发表了 174 篇以"市场结构"为标题的论文，平均每年约为 35 篇。篇数最多的为 2005 年，计 40 篇，最少时为 2007 年，计 27 篇。其中，刊载该主题论文最多的为《产业经济研究》（双月刊）、《管理世界》（双月刊）和《中国工业经济》等三本以产业研究为主要学术领域的期刊，分别为 14 篇、11 篇、10 篇。这也说明，目前国内经济学界对于市场结构的学术研究主要也是在产业组织理论领域展开。

文献检索表明，无论从 CNKI 检索得到的研究数量规模，还是从 CSSCI 来源期刊筛选得到的研究质量水平，市场结构作为产业组织理论的主要组成部分，是当前经济学研究的一个重要内容。

1.2.2.2 国内学者主要研究内容综述

国内学者对于市场结构的研究主要分为三个方面：(1) 运用 SCP 范式下的"集中度—利润率"假说，对跨行业或某一个行业进行经验性研究，并给出相应的政策建议；(2) 市场结构相关影响因素及其与市场集中度关系的研究；(3) 市场结构决定因素方面的研究。

---

① 《管理世界》在 CSSCI 来源期刊分类中属于管理学，但无论该刊所发表论文所涉及的研究领域，还是其在学界的影响，都与经济学科存在较大交叉。故作为一份在我国经济学界有着重要影响的学术期刊，笔者仍将其列为文献搜索的来源期刊之一。

表 1-1　CSSCI 来源期刊最近 5 年相关论文数量分布

序号	期刊	2005年 1	2	3	4	5	6	7	8	9	10	11	12	2006年 1	2	3	4	5	6	7	8	9	10	11	12	2007年 1	2	3	4	5	6	7	8	9	10	11	12	2008年 1	2	3	4	5	6	7	8	9	10	11	12	2009年 1	2	3	4	5	6	7	8	9	10	11	12
1	经济研究	1	1																																				1																							
2	中国工业经济			1	1											1								1	1														1										1	1											
3	经济科学											1			1																																														
4	数量经济技术经济研究				1					2																								1											1								1								
5	财经研究					1							1									1	1									1																													
6	财贸研究						1																																																						
7	南开经济研究			1														1																									2	1																	
8	经济学家																				1											1																						1							
9	经济学动态																																										1						1												
10	经济理论与经济管理					2	1				1				1												1																												1						
11	当代经济科学																																													1								1							
12	财经科学							1																																							1				1							1			
13	财经问题研究																																																		1	1					1				
14	当代财经	1	1													1		2										1																																	
15	产业经济研究				1	2									1	1	1	1																									2	1									2							
16	财贸研究					1										1												1												1																					

续表

序号	期刊	2005年 1 2 3 4 5 6 7 8 9 10 11 12	2006年 1 2 3 4 5 6 7 8 9 10 11 12	2007年 1 2 3 4 5 6 7 8 9 10 11 12	2008年 1 2 3 4 5 6 7 8 9 10 11 12	2009年 1 2 3 4 5 6 7 8 9 10 11 12
17	财经理论与实践	2 1				1
18	中央财经大学学报		1 1	1	1	1 1
19	山西财经大学学报	1	1	1	1	1
20	商业经济与管理		1			
21	中南财经政法大学学报	1 1		1	1 1	1
22	当代经济研究	1				
23	财经论丛		1		1	
24	经济纵横		1 1			2
25	经济问题探索		1	1 1		1
26	经济与管理研究	1		1 1 1	1	
27	南方经济			1		2
28	经济经纬		1		1 1	1
29	江西财经大学学报				1	
30	现代经济探讨	1	1 2	1 1	1 1	
31	经济问题	1			1	
32	管理世界		1	1		1

· 14 ·

第1章 导　论

　　殷醒民（1996）[①] 研究了各工业部门的企业规模对经济效益的一般影响，讨论了低集中度的工业结构对中国工业资源配置的影响。戚聿东（1998）[②] 实证分析了中国产业集中度与经济绩效关系，指出在20%集中度以下，产业集中度与各种产业经济绩效指标之间都存在着较为一定的正相关关系，但一旦越出20%以上的产业群组，这种关系就变得不规则。陈良文、杨开忠（2008）基于中国省份制造业面板数据对产业集聚、市场结构和生产率之间的关系，进行了实证研究。

　　基于"结构—绩效"假说的研究文献更多地集中在对具体行业的研究。同时，这一类研究都注重利用实证分析，解释FDI、资本结构等诸多因素的影响。张纪康（1999）[③] 研究了跨国公司的进入使我国汽车产业组织结构发生的显著变化。他认为，随着一批批劣势企业的被淘汰，中国汽车产业第一次发生了建立在规模优势竞争基础上的市场集中度明显提高。江小涓（2002）在其著作中对中国洗涤用品行业中FDI和市场结构关系进行了实证分析，发现在FDI进入早期曾一度对该行业造成垄断。吴定玉和张治觉（2004）利用计量模型对FDI和中国汽车行业市场集中度进行了相关性分析，认为外资在一定程度上促进了中国汽车行业的市场集中度的提高。曹建海（1998）[④] 对我国汽车工业过度竞争进行了实证分析。杨蕙馨（2004）[⑤] 通过构建一个简单的模型来解释和度量企业的进入退出，并将该模型应用于1985～2000年期间中国两个重要产业——汽车制造业和电冰箱制造业的实证研究。李飞、宋刚（2004）对服务业中开放较早的零售业进行了分析，得出外资在零售业已经占据了重要地位。刘飚（2005）则认为在

[①] 殷醒民：《论中国制造业的产业集中和资源配置效益》，载于《经济研究》1996年第1期，第11～20页。

[②] 戚聿东：《中国产业集中度与经济绩效关系的实证分析》，载于《管理世界》1998年第4期，第99～106页。

[③] 张纪康：《跨国公司进入及其市场效应——以中国汽车产业为例》，载于《中国工业经济》1999年第4期，第77～80页。

[④] 曹建海：《我国汽车工业过度竞争实证分析》，载于《中国工业经济》1998年第12期，第43～45页。

[⑤] 杨蕙馨：《中国企业的进入退出——1985～2000年汽车与电冰箱产业的案例研究》，载于《中国工业经济》2004年第3期，第99～105页。

跨国公司进入初期会对我国服务业市场竞争结构起改善作用。陈阿兴和陈捷（2004）指出我国零售业的集中度随着外国直接投资的进入逐步提高，从而与国际零售业的发展趋势一致。肖文林、高榜（2009）[①]对FDI流入与服务业市场结构变迁进行了比较研究。在垄断性行业中，任曙明（1998）[②]以客运量、货邮运量和总周转量来衡量空运产业的产出，计算空运市场的绝对集中度。并讨论了直属航空和地方航空的关系。此外，还有很多类似的研究对乳制品、煤炭、钢铁、房地产等众多行业进行了深入的市场结构分析。

关于市场结构决定的研究，也是目前国内学者的研究重点之一。孙巍、武治国、李立明（2008）[③]基于2000~2006年中国制造业数据的经验证据，对市场结构与产业的技术特征之间的关系进行了实证研究。他们发现，高集中度产业和低集中度产业与产业的技术特征之间的关系有着显著的区别：平均规模对高集中度产业的市场集中度有着显著正影响，而对低集中度产业的市场集中度有着显著负影响；两类产业的技术替代率对市场集中度的影响也不相同，其中高集中度产业的边际技术替代率对市场集中度的影响并不显著。黄建欢、梁彤缨（2006）[④]以电信产业为例，讨论了市场结构变迁与制度、技术之间的关系，并在此基础上进行理论分析、总结，结果发现在众多影响市场结构的因素中，最重要的、具有决定性作用的因素是制度和技术。阮敏（2009）[⑤]，讨论了市场结构与横向产品差别化的相互关系分析，在完全竞争市场和寡头垄断市场之外，运用豪特林模型，提出了中间

[①] 肖文林、高榜：《FDI流入与服务业市场结构变迁——典型行业的比较研究》，载于《国际贸易问题》2009年第2期，第87~93页。

[②] 任曙明：《我国民用航空运输市场结构分析》，载于《中国工业经济》1998年第6期，第60~63页。

[③] 孙巍、武治国、李立明：《产业技术特征与市场结构分化——基于2000~2006年中国制造业数据的经验证据》，载于《东北师范大学学报》（哲学社会科学版）2008年第3期，第54~57页。

[④] 黄建欢、梁彤缨：《论市场结构变迁的决定因素——以电信产业为例》，载于《科技管理研究》2006年第3期，第30~34页。

[⑤] 阮敏：《市场结构与横向产品差别化的相互关系分析》，载于《当代经济管理》2009年第5期，第43~45页。

程度的差别化对应的垄断竞争市场。陆奇斌、赵平、王高、黄劲松(2004)[①] 从消费者识别角度对中国市场结构和市场绩效关系进行了实证研究。通过结构方程模型分析,他们认为,处于市场经济条件下转型过程中的中国市场,主要是市场绩效决定市场结构,而不是市场结构决定市场效率。此外,也有将市场结构的决定与中国转轨经济特征联系起来的研究。刘小玄(2003)[②] 利用1995年全国工业企业普查数据检验了中国转轨经济中产权结构和市场结构对于产业绩效的影响作用,发现高度国有化的产权结构和垄断性市场的结合,则会具有国有结构的负效应和某种较高垄断利润的综合效果。

1.2.3 简要评论

在国内经济学研究领域,产业组织理论是一个重要分支,对市场结构理论的研究仍然是产业组织理论的重要组成部分。近年来,国内学术界在与市场结构相关的理论研究和实证分析上,均取得了许多巨大的学术成果。这些成果包括,产业组织分析中市场结构的主要理论在国内的研究中都得到了应用和深化;主要经济部门和行业的实证研究较为充分;特别关注到了中国转型经济特征对市场结构的影响。

但是,总体而言,上述研究和分析仍未涉及关于市场结构是如何形成的问题。造成这一缺陷的主要原因是,目前国内主流产业组织理论的研究均遵循着西方产业组织理论的主流范式,在学理上表现为接受和学习,并未对该理论做任何批判性研究。因此,也就无法从范式上重新梳理这一市场结构理论的根本性问题。

[①] 陆奇斌、赵平、王高、黄劲松:《中国市场结构和市场绩效关系实证研究——从消费者角度识别两者的关系》,载于《中国工业经济》2004年第10期,第28~35页。

[②] 刘小玄:《中国转轨经济中的产权结构和市场结构——产业绩效水平的决定因素》,载于《经济研究》2003年第1期,第21~29页。

1.3 研究思路与研究方法

1.3.1 研究思路

本研究属于品牌经济学[①]研究的子领域之一。品牌经济学将品牌这个要素纳入到经济学的分析框架当中,利用经济学的分析方法和分析工具对品牌进行经济分析,通过"选择成本"(Choice Cost)[②]构建出一般性的品牌经济学理论框架。[③]

在新的分析范式下,本书运用品牌经济学已有的理论成果,对"市场结构是如何形成的"这一现有经济学理论无法解释或解释不完善的理论问题给予新的解释,属于理论的应用。

1.3.1.1 选择成本分析范式下的市场结构决定

选择成本范式重新定义了人类行为的局限条件。经济学的第一个基础假设:人类会做选择,即选择行为[④],所有的经济问题都是选择

[①] 关于品牌经济学的相关理论及其分析框架,请参阅 2005~2008 年山东大学经济学院以孙曰瑶教授为核心的品牌经济学研究团队的相关研究成果,特别是孙曰瑶教授、刘华军博士在此期间出版的专著和发表的相关研究论文。在这些研究成果中,孙曰瑶教授和刘华军博士深入研究了品牌经济学的核心概念——选择成本及其一般分析框架。本书中凡涉及品牌经济学理论术语,除个别章节的需要有一定的解释之外,其精确定义将不再赘述,与品牌经济学相一致。

[②] "选择成本"(Choice Cost)一词由孙曰瑶教授和刘华军博士于 2006 年提出,随后在两人的专著《品牌经济学原理》(2007)和刘华军的博士论文(2008)中进行了不断完善和修正,逐渐地使该概念成为了经济学分析品牌的核心范畴和最基本的概念。用该概念进行经济分析,并对现实经济现象进行解释的分析方法称为"选择成本分析范式",即对品牌的经济研究统一遵循的方法。

[③] "将一个新的要素引入到经济理论中"也是典型的理论创新的方法之一,诺贝尔经济学奖得主索洛(Solow)是典型的代表人物,他通过将"技术进步"这个要素,引入到经济增长的研究中而获得了巨大的创新。参见孙曰瑶、刘华军:《经济研究中如何提出正确的问题》,载于《宁夏社会科学》2007 年第 2 期。

[④] 参见张五常:《科学说需求》,花千树出版社 2001 年版。

第1章 导　论

问题。因此经济学可以定义为"人类选择行为的科学",经济学变成了对所有人类目的性行为的研究①。换言之,"选择行为"是经济学研究的核心,因此,经济学对选择行为的研究必然从选择行为的局限条件开始。

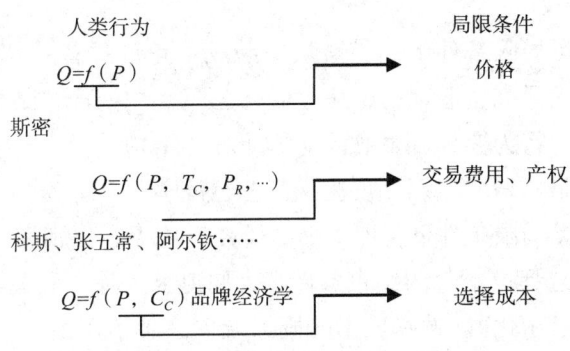

图 1-2　人类选择行为与局限条件

资料来源:孙曰瑶、刘华军:《品牌经济学原理》,经济科学出版社 2007 年版。

在第一类局限条件下,主流产业组织理论通过对产量、企业规模和相对技术效率;产品市场价格水平与长期边际成本和平均成本之间的相对关系;在满足市场价格等于长期边际成本的条件下,企业最大产出规模和实际产出之间的关系;生产成本与销售费用的比较等问题的研究,明确定义了一系列基本概念,形成其市场结构的研究框架,即结构(Structure)-行为(Conduct)-绩效(Performance)分析范式(简称 SCP 分析范式)。该分析范式的核心思想在于:市场结构是市场行为的决定因素,而企业的市场行为又是市场绩效的决定因素,从而市场结构与市场绩效之间是紧密联系的,好的市场绩效来源于好的市场行为,而好的市场行为则源于好的市场结构,如图 1-3 所示,②

---

① 参见 R. H. Coase, Marshall on Method, Essay on Economics and Economists, University of Chicago Press, 1994。

② 于立、王洵:《当代西方产业组织学》,东北财经大学出版社 1996 年版。

即简化的 SCP 分析框架。[①]

图 1-3 简单的 SCP 分析框架

在第二类局限条件下,科斯从交易成本角度看待一切局限条件,其追随者深入研究企业理论,从企业(公司)内部产权结构和组织结构演变、企业行为变异、企业内部活动对"结构—行为—绩效"的影响等。这就是所谓的"新制度主义产业经济学"。

在第三类局限条件下,即本书的研究范式下,以消费者选择过程中产生的"选择成本"为约束条件,人们追求的是"利益一定条件下的选择成本最小化"。选择成本的概念与"品牌信用度"、"品牌品类度"等概念紧密相连。根据品牌经济学原理,品牌品类度越大,品牌信用度也越大,而消费者的选择成本就越小。本书从消费者角度研究市场结构,也是基于这一原理。

1.3.1.2 品牌经济学与市场结构相关的已有理论成果

第一,品牌需求函数与厂商市场份额研究。

孙曰瑶、刘华军(2007,2008)在研究和拓展品牌经济学理论时,将选择成本作为其理论的核心概念,并运用这一理论构建出了品牌需求函数。它刻画了在商品过剩的条件下,消费者的选择决定了厂商的市场份额,而货币价格与品牌及品牌信用度决定的选择成本作为

[①] 即贝恩的 SCP 分析框架。此后,谢勒(F. M. Scherer)在其《产业市场结构和经济绩效》一书中对 SCP 范式给出了系统完整的描述。参见 F. M. Scherer, Industrial Market Structure and Economic Performance, Chicago, 1970。Rand - McNally 以 SCP 作为分析框架的研究主要集中在以下几个方面:(1)市场结构与盈利性之间的关系;(2)进入壁垒与利润增长之间的关系;(3)进入壁垒的主要内容;(4)市场结构与技术进步的关系;(5)市场结构与有效串谋的关系;(6)市场结构与有效定价策略的关系;(7)政府规制与经济效率的关系;(8)企业合并与经济效率的关系;(9)市场势力与广告投入之间的关系;(10)串谋行为的法律分析;(11)政府的垄断规制。参见 H. Demsetz, Industrial Structure, Market Rivalry, and Public Policy, Journal of Law and Economics, 16 (1), 1973。

消费者选择和购买过程中的局限条件制约和影响着消费者的选择与购买。并以品牌需求函数模型解释了厂商市场份额的决定是通过价格机制与品牌机制共同作用而实现的。在理论分析的基础上，对大量的现实进行了解释，在验证该模型的同时，对未来市场竞争及厂商市场份额做出了预测。①

第二，品牌壁垒研究。

孙曰瑶、刘华军（2007）在其专著《品牌经济学原理》中，首先提出了品牌壁垒的概念。在研究"中国品牌如何走出去"所面临的国际贸易壁垒问题时，刘华军（2009）进一步分析了品牌壁垒的成因。他认为，由于在一国的产品抵达他国之前，他国已经存在很多在位品牌，且往往他国的消费者已经对这些在位的品牌形成了一定程度上的消费习惯和品牌认知，因此他国消费者由购买在位品牌转向购买新进入的品牌，需要克服消费者心理上的认知，即存在着转换成本（Switching Cost）。这种由在位品牌带来的消费者的心理认知构成了进入的难以逾越的品牌壁垒。因此，要想使他国消费者选择自己的品牌，使之产品价值得以实现，则必须通过品类创新等品牌策略跨越品牌壁垒。②

上述研究成果集中探讨了需求函数、市场份额、进入壁垒等与市场结构密切相关的内容。尽管并未形成对市场结构的整体性的专题研究，但由于这些研究都是从品牌经济学分析范式下开展的，因此为本书深入、全面、系统地进行市场结构的品牌经济分析，提供了基本概念、逻辑理路、方法和分析工具等理论基础。本书的研究正是沿着品牌经济学的既有理论成果与研究路径所作的推进、完善和丰富。

1.3.1.3 本书的研究思路

在产业组织理论中，所谓市场结构是指具有高度替代性产品的市

---

① 刘华军、孙曰瑶：《厂商市场份额的品牌经济模型及其现实解释》，载于《中国工业经济》2008年第1期。

② 刘华军：《国际贸易中的品牌壁垒及其跨越——基于品牌经济学视角的理论和策略研究》，载于《经济学家》2009年第5期。

场所具有的基本特征。决定市场结构最重要的因素主要体现在三个方面：每一个产品在市场中的比重；市场中产品的异质性程度，以及在位厂商相对于潜在进入者的优势。① 本书在品牌经济学已有的对市场结构影响因素的研究学术成果基础上，比照传统产业组织市场结构理论的研究框架，从以下四个方面着手展开研究：

第一，给出了品牌需求函数的改进形式，并在此基础上推导出品牌集中度及其测量模型，作为对市场结构进行品牌经济分析的描述指标。本书通过引入品牌因素，从消费者选择角度对市场结构的特征和演变进行了分析。

第二，深入研究消费者选择成本对品牌需求弹性的影响。经济学意义上的弹性具有两层含义：对敏感度的测度；② 同时，对具有替代性的产品而言，也是对异质性的检验。③ 因此，价格弹性与市场份额的关系研究构成了产业组织理论市场结构分析的重要内容。而在品牌经济学的已有研究中，品牌信用度是品牌的核心，同时也是消费者选择成本的依据，本书力图通过实证分析，来研究价格弹性与市场份额的关系在不同的品牌之间、同一品牌在不同的品型市场上的差异性，进而揭示出不同的选择条件下，消费者对（不同）品牌的价格敏感性差异。通过对品牌需求价格弹性的深入研究，对消费者选择行为与市场结构之间关系的影响程度进行了机理上的分析。

第三，品牌分异度对市场结构的影响问题。所谓品牌分异度，是指对某个产品单一利益点的细分数量，细分数量越多，品类分异度越高。品牌经济学已有的研究表明（孙曰瑶、刘华军，2007），在价格不变时，通过提高品类分异度（Category Divergence Degree），即产品从模糊利益转移和发展到多个单一利益点，同时配合明晰的商标符号

---

① 钱世超：《中国轿车市场结构与企业行为研究》，华东理工大学出版社 2006 年版，第 122 页。
② 哈尔·R. 范里安：《微观经济学：现代观点》（第六版），上海三联书店、上海人民出版社 2006 年版，第 220 页。
③ 钱世超：《中国轿车市场结构与企业行为研究》，华东理工大学出版社 2006 年版，第 18 页。

和精确的品牌策略,是可以促进总需求的增加的。①市场容量的扩大,为品牌竞争提供了更为广阔的产品空间。毫无疑问,经过竞争发生的品牌分化(Brand Diversification)将影响市场结构的形成与变化。

第四,品牌壁垒。一般而言,进入壁垒从两方面影响市场结构:既是对现有市场结构特征的稳定器,又是市场结构发生变化的驱动器。对于一个现实中的行业而言,进入壁垒,是某一市场结构形成的条件。品牌壁垒,从消费者选择理性的角度,发现了选择行为发生转换时,对于消费者的心理认知构成了新的成本,而这个成本对于在位企业是有利的。②本书将深入研究产品转化为商品的过程的成本及其降低机制。本书认为,由选择成本决定的品牌机制,可以提高产品分配效率,在厂商内部实现转化效率,从而获得非对称优势。在商品过剩及消费者选择条件下,由品牌构筑起的进入壁垒将成为厂商竞争最重要的壁垒形式之一。

综上所述,本书将深入研究消费者选择行为对市场结构产生影响的形成机理和作用机制。本书将构建一个全新的市场结构决定的品牌经济模型,如下:

品牌集中度 = F(品牌需求弹性;品牌分异度;品牌壁垒)

1.3.2 研究方法

在研究方法上,首先是在"选择成本分析范式"框架下,从影响和制约品牌选择行为的局限条件的分析入手来研究的,立足于对真实世界的考察,属于实证经济学的范畴。其次,利用品牌经济学的核心概念选择成本,构造品牌需求函数,将对市场结构的研究转化为对品牌需求函数的深入讨论,并进而分析品牌需求函数各因变量对市场结构的影响。再次,为深入研究消费者选择行为对市场份额产生的影响并对之进行定量分析,本书还运用了问卷调查法和经

---

① 孙日瑶、刘华军:《品牌经济学原理》,经济科学出版社2007年版,第62页。
② 同上书,第406页。

济计量分析方法。

1.3.2.1 选择成本分析范式

品牌经济学研究，将"选择成本"作为影响和制约消费者品牌选择的局限条件，引入到经济学理论框架当中，通过分析该局限条件的变化来研究人们品牌选择行为的本质，属于在经济学的"概念箱子"(Disciplinary Matrices)中加进"选择成本"这一新范畴，即新分析范式。作为品牌经济学理论的应用研究，本书同样遵循这一分析范式。

1.3.2.2 实证经济学分析方法

所谓实证经济学，要回答的是"是什么"，而不是"应该是什么"，它是独立于任何特别的伦理观念或规范判断的[1]，本书的研究属于实证经济学的范畴，即寻找厂商市场份额动态演变以及由此带来的市场结构变化的驱动因素，探讨已发生的经济现象背后的本质问题。

1.3.2.3 问卷调查法

问卷调查法也称"书面调查法"，或称"填表法"。用书面形式搜集研究材料的一种调查手段。通过向调查者发出简明扼要的征询单（表），请示填写对有关问题的意见和建议来间接获得材料和信息的一种方法。

本书为深入研究消费者选择行为对厂商市场份额的影响，通过问卷形式对广州、南京、沈阳、成都、武汉等5个城市的消费者电冰箱购买行为进行了调查。

1.3.2.4 经济计量分析方法

经济计量分析是用统计推论方法对经济变量之间的关系做出数值

---

[1] Milton Friedman, The Methodology of Positive Economics, Essays in Positive Economics, University of Chicago Press, 1953.

估计的一种数量分析方法。它首先把经济理论表示为可计量的数学模型即经济计量模型，然后用统计推论方法加工实际资料，使这种数学模型数值化。这种分析方法有两个特点：①理论与观察资料相结合，赋予理论以经验的内容；②将随机因素对经济关系的影响纳入分析之中，得出的结论具有概率性。

本书通过建立计量模型，定量分析变量（消费者选择影响因子、市场份额、品牌需求价格弹性等诸多变量）之间的数量关系，用以定量地刻画消费者选择行为对市场结构的影响程度。

1.4 研究框架与内容

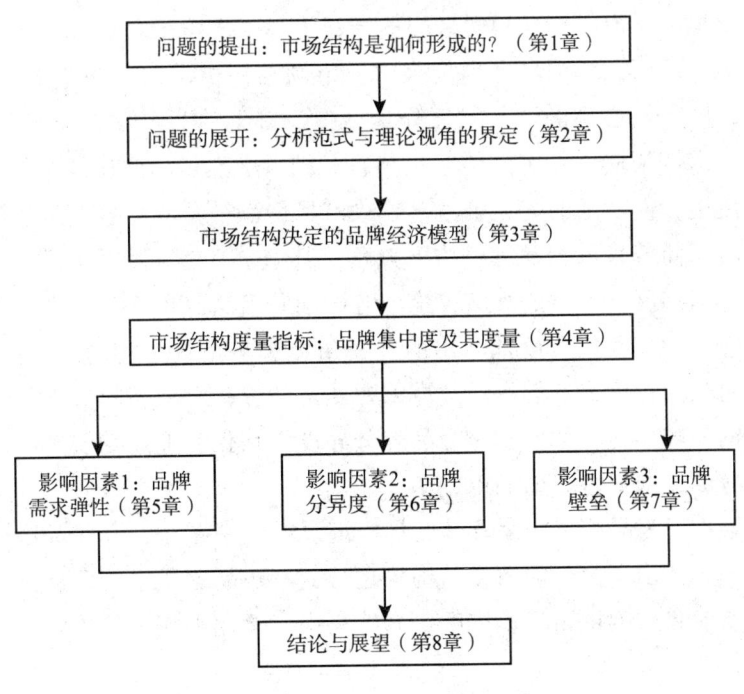

图1-4 本书研究框架

资料来源：作者绘制。

全书共分为 8 章，在逻辑上为前后因果关系。全文结构如下：

第 1 章为导论。其目的在于提出问题，论证本书所研究问题的现实意义与理论意义，介绍全书的研究思路、框架结构以及创新所在。

第 2 章为问题的展开。[①] 本章梳理了市场结构理论从 SCP 框架到策略性行为研究演进与发展的理论脉络；指出了分析范式演进的两个主要动因是方法论创新和理论范畴拓展。对于市场结构理论发展趋势展望，本书认为，从方法论上，博弈论将研究重点转向了企业策略性行为；从范畴上，品牌经济分析将开创对消费者选择行为研究的新领域。本章主要内容已经发表于《中南财经政法大学学报》（CSSCI 来源期刊）2011 年第 2 期。

第 3 章为市场结构决定的品牌经济模型。在这一章中，基于对消费者选择行为的分析，给出了一个不同于传统产业组织理论的市场结构决定模型。由于理性消费者的选择行为是基于降低其选择成本的品牌购买，因而，从消费者角度来看，市场结构决定及其演进的本质，就是品牌市场份额的增长或下降。品牌经济学认为，在市场竞争中，在位厂商若采取"品牌延伸"策略，其结果必然是降低在位品牌的品牌信用度，而从削弱其竞争力，导致市场份额被蚕食；后进入或潜在进入者厂商若采取"品牌模仿"策略，其结果必然是降低后进入品牌的品牌信用度，而无法突破在位企业因消费者选择而产生的壁垒。从上述分析中，我们可以抽象出品牌视角下影响市场结构的三个因素：品牌对立的程度，我们用品牌需求弹性来度量；由"品牌对立"策略产生的品牌分化，我们称之为品牌分异度；在位企业成功实施品牌策略形成的进入壁垒，即品牌壁垒。

第 4 章为品牌集中度及其度量模型。在这一章中，基于品牌经济学范式，提出了全新的市场结构描述方式——品牌集中度。区别于传统的产业集中度或市场集中度，品牌集中度运用加权平均方式，将品

[①] 与一般意义上的文献综述不同，问题的展开，是对本书研究所涉及的理论源流进行清晰而透辟的梳理，从已有研究中总结问题，发现前人所没有研究过的领域。通过问题的展开，进一步明确本书研究的分析范式和理论视角，研究对象和逻辑思路。以"评"带"述"，论述本研究与前人研究的不同之处，也即创新所在。

牌品类、产品品型的影响因素纳入到品牌集中度模型中，揭示了不同品牌定位（细分市场）的厂商的策略行为，以及由此带来的市场结构的动态演变。通过品牌需求函数的基本形式，推导出品牌集中度模型，给出了一个全新的市场结构度量方式。通过基于消费者选择角度的品牌以及品牌信用度的变化来解释市场结构的决定，用简单的变量、简洁的形式，更为真实、深入和细致地刻画了较为复杂的市场结构特征，与现实中的市场情形更为接近，较之传统的市场集中度，具有更强的解释性和预测性。本章主要内容已经发表于《审计与经济研究》（CSSCI来源期刊）2011年第2期。

第5章为品牌的需求价格弹性分析。需求价格弹性与市场份额的关系是产业组织理论市场结构分析的重要内容。但在对众多行业的实证研究中，两者的相关关系并不确定。这给基于"集中率—利润"假说的市场结构分析带来了相当大的困难。这一章的重点是，用回归估计的方法分别计算了中国电冰箱行业前10个品牌的需求价格弹性、价格交叉弹性，并对不同品型（两门冰箱、三门冰箱）市场的结果进行了对比分析。实证结果显示，价格弹性与市场份额的关系在不同的品牌之间、同一品牌在不同的品型市场上均不相同。这表明，不同的选择条件下，消费者对（不同）品牌的价格敏感性不尽相同。而品牌信用度正是影响消费者选择行为的关键因素。本章的实证分析，深化了品牌经济学对需求价格弹性的研究，也揭示了消费者选择行为对市场结构产生影响的作用机制。

第6章为品牌分异度及其对市场结构的影响分析。本书研究发现：品牌之间的竞争并非在全部的市场范围和产品空间展开，市场细分是竞争的必然结果。这就使得品牌不得不主动地选择了不同的价格策略和品牌策略来参与市场竞争。这就是品牌的分异或分化。导致品牌分异的原因主要是：在位品牌缺乏市场势力、竞争效应和市场规模的扩大。品牌分异伴随着市场浓度的下降，因而通常会引发市场结构的松散化趋势。

第7章为对厂商品牌壁垒的分析。在这一章中，区分了两种不同的进入壁垒：规模经济和品牌壁垒。本章重点分析，在规模经济已经达成和宏观产业政策一定的条件下，厂商的非对称优势是如何获得的。通过分析发现，产品转化为商品的过程也存在着成本，而由选择成本决定的品牌机制，可以提高产品转化率，在厂商内部实现转化效率，从而获得非对称优势。在商品过剩及消费者选择条件下，由品牌构筑起的进入壁垒将成为厂商竞争最重要的壁垒形式之一。

第 8 章为结论与展望。本章对全书进行简要的回顾与总结，并对未来的研究进行展望。

1.5 创新点与不足

1.5.1 创新点

如诺贝尔经济学奖获得者科斯所言，"企业是市场交易海洋中的'意识力量的岛屿'"[①]，而在现实的市场经济中，品牌就是企业的"意志力量"的体现。本书最大的创新是：从消费者这个全新的角度研究了市场结构的形成与演变问题。正如交易成本理论打开了企业行为这个"黑匣子"，品牌经济学原理则打开了消费者选择行为的"黑匣子"，并通过"选择成本"这一概念对其进行刻画。本书的创新之处在于：

第一，在品牌经济学分析范式下，将"品牌"作为一个要素引入到对市场结构的分析中，第一次从消费者角度研究了市场结构的形成与演变问题。

品牌经济学原理的原创性在于打开了消费者选择行为的"黑匣子"，并通过"选择成本"这一概念对其进行刻画。本书在市场结构进行品牌经济分析时，以消费者选择的对象——品牌为基本的度量单元，对其数量分布及特征给出了一个全新的测量和描述方式，即品牌

---

① 多纳德·海、德理克·莫瑞斯：《产业经济学与组织》，经济科学出版社 2001 年版，第 497 页。

集中度；本书进一步揭示出，在消费者选择过程中，存在着两种约束条件（价格机制、品牌机制）。市场结构形成的实质是这两种约束条件的发生机制及其对选择行为的影响；本书通过对市场范围和产品空间内的品牌分化进行分析，将基于选择成本的消费者选择作为市场不断细分的驱动因素；而对于在位品牌和潜在进入者之间的竞争，本书在品牌壁垒概念基础上着重分析了选择成本与品牌不对称优势之间的关系。

第二，为品牌经济学理论具体应用于产业（行业）分析研究建立起了一个较为完整的市场结构分析框架：

(1) 构建了市场结构决定的品牌经济模型 $CR_m^b = F(E_b, D_b, B_b)$。

(2) 给出了市场结构描述与度量方式——品牌集中度。

(3) 研究了在消费者品牌选择过程中的约束条件（价格机制、品牌机制）及其发生机制。并实证地分析选择成本的存在性及其对品牌需求价格的影响；

(4) 分析了由品牌分异引发的市场结构松散化问题。并研究了品类分异的驱动因素和厂商品牌策略性行为；

(5) 研究了品牌壁垒的成因和特征。深入研究了选择成本与品牌不对称优势，等等。

本书的研究结论是：在过剩经济条件下，消费者选择行为是市场结构形成和演进的决定因素。

1.5.2 不足点

本书运用品牌经济学原理构建了市场结构的分析框架，试图解释消费者选择行为对市场结构的影响机理，限于研究时间、研究水平和资料掌握限制，研究仍然存在诸多不足之处。

研究不足之一：品牌集中度与市场集中度的关系的研究不够深入。由于品牌集中度和传统的市场集中度或产业集中度采用了不同的计算方法，对于品牌集中度 CR_m^b 和市场集中度 CR_m 之间的关系还有待进一步实证研究。

研究不足之二：鉴于消费者行为的复杂性，对于影响选择成本 C_c 的因子分析仍嫌不足。选择成本，归根到底要转化为消费者实际选择某一类产品的选择标准和评判依据，如轿车的排气量、内饰、座位数、动力、油耗量等；电冰箱的容积、冷冻能力、耗电量、售后服务、质量等。而且，不同区域的消费者由于其偏好、收入水平的不同，其选择成本的边际量也是不同的。因此，必须对不同区域消费者选择产品的标准进行细化并做相应的因子分析，来进一步研究消费者选择对品牌竞争态势和市场结构演变趋势的影响，从而真正从消费者角度深入而透彻地把握市场结构的驱动因素和形成机制。

研究不足之三：本书仅以中国电冰箱行业为实证分析对象需要更多的行业经验数据的积累，获取在品牌视角下市场结构类型的划分依据。

1.6 本章小结

本章的首要任务是提出全书的核心问题，即从品牌经济学的角度回答市场结构是如何形成的。然后，依次介绍了本书的研究思路、研究方法、框架结构和主要内容，最后提出了本书可能的两点创新之处。

第 2 章

问题的展开

2.1 引　言

　　研究市场结构问题源于一个"发现"：完全竞争和垄断的市场在现实中是不存在的。因此，对处于两极之间的"中间地带"的研究，具有深刻的理论价值和现实意义。在理论上，市场结构理论的发展表现为分析范式的演进。这主要是在两个方面获得重大突破后取得的：(1) 方法论的创新。其最为突出的成果是以博弈论为基础的策略性行为研究取代了基于统计学和计量方法的"结构-绩效"经验性研究。方法论创新直接导致分析范式从结构主义向行为主义的转变。(2) 理论范畴的拓展。主要表现为以科斯（Coase）、威廉姆森（O. E. Williamson）、阿尔钦（Alchian）为代表性人物，以"交易成本"、"产权"为核心概念的新制度经济学派的勃兴，形成了所谓"新制度产业经济学"；在实践上，市场结构理论变革折射出来经济实践的现实需要。哈佛学派与芝加哥学派之争在公共政策上的根本分歧表现为：是通过反垄断政策干预来促进市场公平竞争，还是在无干预的自由竞争下达到市场均衡。两者的争论始终伴随着美国国内的反托拉斯政策以及与其他发达国家之间的产业竞争，其理论此消彼长的影响力直接反映了现实经济的需求。近年来勃兴的新产业组织理论则顺应了厂商以价格战、垂直约束、排他性交易、价格歧视、广告、产品差异化等为主要竞争手段的新趋势。譬如，新产业组织理论认为，必须针对不同激励构造多种模型，才能将有利于消费者的垂直约束和以牺牲其他经济主体的利益为代价来增进自身效率的垂直约束区分开来。① 尽管市场结构理论在分析范式上已经取得重大进展，但其缺陷和问题依然明显。第一，无论哈佛学派、芝加哥学派，还是新产业组织理论，均未能对市场结构是如何形成的给出满意的解释。梅森（Mason）和贝恩（Bain）提出了 SCP 分析范式，用市场结构说明市场绩效，但没有解释市场结构是怎样形成的，似乎这是一个不需要说明的问题。② 作为 SCP 范式的批判者，芝加哥学派从根本上质疑结构决定绩效，认为结构是竞争的结果，当然更不可能深入研究市场结构的形成。而基于策略性行为分析的新产业组织理论则把分析重点转向了市场行为，强调的是企业策略性行为与市场结构之间的互动关系。总之，市场结构作为产业组织理论的研究起点，始终没有得到清晰的解释和说明。第二，市场结构理论始终面临着经验性分析与理论分析之间难以沟通的缺陷。哈佛学派的市场结构理论，缺乏必然的逻辑关系，其"结构－利润率"假说只是基于大量观察的经验性描述，只能揭示两者之间的相关性而非因果关系。新产业组织理论运用博弈论对经典的寡占模型进行了重新的解释，但这只是对 SCP 范式的扬弃和重构。另外，过于精细的假设，使得运用博弈论模型得出的结论反而缺乏经验性分析的支持。正如史蒂芬·马丁所言，新产业组织理论的内部结构出现了"类似于由不规则的碎片所组成的几何体"（Fractalization）的格局。③

本章对市场结构理论研究进行综述与评论，并在此基础上梳理出本书研究的视角和范式。第二部分以分析范式的演进为维度，对市场结构的理论发展进行回顾；第三部分对方法论创新、理论范畴拓展与范式演进的关系进行比较分析；最后一部分，对市场结构理论的未来

---

① 干春晖：《企业策略性行为研究》，经济管理出版社 2005 年版。
② 赵坚：《我国自主研发的比较优势与产业政策》，载于《中国工业经济》2008 年第 8 期，第 80 页。
③ 史蒂芬·马丁：《高级产业经济学》，上海财经大学出版社 2006 年版，第 25 页。

研究提出展望。

2.2 市场结构的理论发展回顾

2.2.1 前结构主义时期的垄断竞争理论

新古典经济思想的集大成者马歇尔（A. Marshall，1890）在其巨著《经济学原理》中指出，规模经济将导致垄断，妨碍价格机制发挥作用，进而阻碍自由竞争。规模经济与竞争活力之间的两难矛盾，即所谓"马歇尔悖论"，（Marshall Conflict），[①] 开启了对垄断竞争和寡头垄断市场结构的研究。1933 年，英国经济学家乔安·罗宾逊的《不完全竞争经济学》和美国经济学家张伯伦的《垄断竞争理论》同时出版，标志着垄断竞争理论的形成。垄断竞争理论的主要贡献在于：修正了新古典主义的完全竞争理论，提出了产品差别的概念，并将其与垄断竞争联系起来，丰富和发展了自斯密以来的市场竞争理论。研究了位于完全竞争和纯粹垄断两种极端市场形态之间的广阔的"中间地带"的市场结构。张伯伦等人的研究考察了不同产业之间的联系，分析了特定产业内的市场结构、价格、利润、广告和效率等的相互关系，为 SCP 范式的完整提出奠定了基础。由于填补了理论与现实之间的鸿沟，垄断竞争理论迅速为微观经济学所接受和吸纳。[②]。

值得一提的是，20 世纪 40 年代，美国经济学家克拉克（J. M. Clark）在《有效竞争的概念》一文中提出："有效竞争"的企业的行为和绩效取决于企业能否根据成本合理定价，与市场结构的类型、市场上参与竞争的企业数量和生产替代品的企业之间的差别无

[①] 马歇尔：《经济学原理》，商务印书馆1964年版。
[②] R. Triffin, Monopolistic Competition and General Equilibrium Theory, Harvard University Press, 1941.

关。① 克拉克的效率决定论对芝加哥学派思想的产生起了重大作用。

从经济（史）现实的角度，垄断竞争理论呼应了发端于19世纪60年代的自由竞争资本主义向垄断资本主义过渡的历史阶段。② 20世纪初，垄断资本主义逐渐形成，特别是20世纪30年代发生的经济危机，使得垄断问题成为许多经济学家关心的焦点。克拉克的可竞争性市场理论，则反映出美国在20世纪上半期社会经济积极向上发展、企业创新层出不穷的现实。

总之，前结构主义时期的市场结构理论，反映了19世纪后期至20世纪上半叶英美等国家垄断竞争现象的出现和形成，并对其成因和特征进行了分析，但未上升到公共政策层面。

2.2.2 结构主义及其批判

2.2.2.1 哈佛学派的SCP范式

现代市场结构理论的真正建立，则是以"结构—行为—绩效"（即SCP）分析范式的形成为标志。哈佛大学的梅森在对美国主要行业的市场结构进行实证研究后，首次提出了用市场结构、市场行为和市场绩效来分析产业（市场）竞争的有效性的思想。③ 他认为市场结构是外生变量，由市场供给和需求方面的基础条件决定。并且认为，在结构、行为和绩效之间存在着单向的因果关系。作为梅森开创性工作的主要继承者和发展者，贝恩（J. Bain）于1959年出版了《产业组织》一书，标志着现代产业组织学中的市场结构理论正式确立。④ 贝恩明确提出并推广应用了SCP范式，并着重对市场结构的重要因素

---

① J. M. Clark, Toward a Concept of Workable Competition, American Economic Review, 1940, Vol. 30 (2): 241 – 256.

② 齐兰:《西方现代市场结构摘要》，载于《中南财经大学学报》1998年第6期，第54~58页。

③ Mason. E. S., Price and Production Policies of Larger – Scale Enterprise, The American Economic Review, Suppl. 29 (1939), 61 – 74.

④ Bain J. S., Industrial Organization, New York: John Wiley & Sons, Inc., 1959.

(市场集中度、产品差异、进入壁垒)及其对市场行为和市场绩效的影响进行了系统研究。贝恩将市场结构作为产业组织理论研究的中心内容,对市场结构的解释有所拓展,他将市场结构最突出的特征归纳为4点:卖方集中度、买方集中度、产品差别程度和进入壁垒的状况。贝恩认为,卖方集中度与进入壁垒状况是最为重要的两个因素。

继贝恩之后哈佛学派的另一位产业组织学家席勒(Scherer),进一步完善了SCP范式。[①] 在1970年出版的《产业结构和经济绩效》一书中,他特别强调了市场行为(C)的重要性,从而弥补了贝恩分析范式过于结构化的缺陷。使哈佛学派的SCP范式更趋规范化、更有逻辑性。由于哈佛学派十分强调市场结构对市场行为和市场绩效的决定作用,因此,哈佛学派也被称为"结构主义学派"。

哈佛学派的以实证为主要手段的结构—行为—绩效"三分法",以及在此基础上提出的政府公共政策规范了结构主义的产业组织理论框架。由于哈佛学派强调市场集中将妨碍市场竞争,因此成为反垄断的理论基础和政策依据。

2.2.2.2 芝加哥学派对结构主义的批判

作为哈佛学派的批判者,芝加哥学派的主要思想有两点:第一,反对哈佛学派的政府干预主张。芝加哥学派认为,市场竞争过程是市场力量自由发挥作用的一个"生存检验"过程,高利润可能是企业高效率和创新的结果。只要不存在政府的进入规制,即使市场中存在着某些垄断势力或不完全竞争,长期的竞争均衡状态在现实中也能够成立。[②] 第二,在研究方法上,反对哈佛学派的实证或经验分析。芝加哥学派强调理论研究和规范分析,主张把价格理论模型作为分析市场的基本工具,并对企业行为和绩效做出预期。由于芝加哥学派十分注重效率,故而也被称为"效率学派"。

---

① Scherer F. M., Industrial Market Structure and Economic Performance, Chicago, Rand-McNally, 1970.

② 石奇:《产业经济学》,中国人民大学出版社2008年版。

在公共政策上,芝加哥学派信奉经济自由主义理念,主张自由放任政策,发挥自由市场经济中竞争机制的作用,相信市场的自我调节能力,反对政府干预和反垄断法。

总体而言,芝加哥学派并没有形成像哈佛学派那样的研究范式,而更多的是对哈佛学派结构主义的广泛批判。

从经济(史)实践看,哈佛学派失去主导地位和芝加哥学派受到重视,反映出自20世纪80年代开始,美国传统优势产业国际竞争力下降的事实。此外,芝加哥学派强调竞争过程或自由竞争,反对政府干预,在一定程度上也反映了大公司势力的崛起。

2.2.3 博弈论与行为主义的兴起

20世纪70年代中后期,信息经济学和博弈论成为分析策略冲突的标准工具,给产业组织研究带来了统一的方法论,新产业组织理论(NIO)应运而生。该理论将市场结构内生化,认为企业不是被动地对给定的外部条件做出反应,而是试图以策略性行为去改变市场环境、影响竞争对手的预期,从而排挤竞争对手或遏制新厂商进入市场。这一思想使产业组织理论的经验研究领域发生了重大革命——从结构主义转向了行为主义。[1]

新产业组织学派对市场结构理论的贡献主要体现在:第一,系统研究了厂商市场行为及其作用。索耶(1982)围绕着厂商市场行为展开研究,强调行为对结构和绩效的影响,标志着产业组织研究重点由结构转向了行为。第二,重点研究了行为对结构的反作用。"在寡头垄断的市场结构中,企业不再被动的面对环境"[2],鲍莫尔(1982)通过引入"可竞争市场"(Contestable Market)概念,提出可竞争市场结构学说,构筑出双向和动态的分析框架,尤为强调三者之间的互

---

[1] 刘志彪、石奇:《现代产业经济学系列讲座:产业经济学的研究方法和流派》,载于《产业经济研究》2003年第3期,第77页。

[2] 吉恩·泰勒尔:《产业组织理论》,中国人民大学出版社1997年版。

动关系。① 第三，着重分析了垄断条件下的企业竞争行为。新产业组织理论大量运用博弈论，特别是非合作博弈（Non Cooperative Games）及其分析方法，克服了 SCP 范式的理论缺陷。泰勒尔（1988）运用博弈论实现了理论方法的统一，重构了产业组织理论。②

总之，新产业组织学派以对企业的市场行为的分析为中心，被称为"厂商主义"学派或"行为主义"学派，它在市场结构的决定因素方面与传统"结构主义"有所差别，可视为是对 SCP 范式的重构与扬弃。③

在经济（史）实践上，在不完全信息和动态市场环境中，竞争手段复杂而多样，企业策略性行为的相互作用增强，行为主义市场结构理论对这一新的经济现象给出了更为贴近现实的理论解释，也为反托拉斯政策导向提供了更加合理的理论依据。

2.2.4 对理论回顾的小结

在上文中，笔者将市场结构理论的发展为分成了三个阶段：前结构主义时期、结构主义时期④和行为主义时期。从经济（史）实践的角度分别对应着垄断资本主义的出现、形成和成熟，以及公共政策对应产业竞争力的调整；从经济思想的角度则分别对应着完全竞争理论、结构主义和自由主义、行为主义。表 2-1 对上述理论的发展脉络作一个简要梳理和总结。

---

① Baumol W., Panzer J. and Willing R., Contestable Market and the Theory of Industry Structure, Harcout Brace Jovannovch, 1982.
② Tirole J., The Theory of Industry Organization, Massachusetts Institute of Technology, 1988.
③ 如新产业组织理论的代表人物泰勒尔（Tirole）就将市场结构理解为："市场结构，即规定构成市场的卖者（企业）相互之间、买者之间以及卖者与买者集团之间等诸关系的因素及其特征。而决定市场结构的主要因素有：集中（包括卖者集中和买者集中）；产品的差别化；新企业的进入壁垒。"
④ 尽管芝加哥学派反对和批评结构主义，并与哈佛学派进行了广泛而激烈的理论争论，但并未形成独立的范式。故而，本书将结构主义作为一个理论发展时期，而芝加哥学派作为这一时期的批评者。

表 2-1　　　　　　　市场结构的理论发展过程

年代	时期	经济（史）实践	理论流派	代表人物
19世纪末至20世纪上半期	前结构主义时期	英美等主要国家发展到了垄断资本主义阶段，垄断竞争出现	新古典理论；垄断竞争理论；可竞争理论	马歇尔、张伯伦、罗宾斯夫人、克拉克
20世纪50年代末至20世纪70年代末	结构主义时期	适应二战后产业发展需求，推动以美国为首的主要西方发达市场经济国家反垄断政策的开展和强化	哈佛学派	梅森、贝恩、席勒
20世纪80年代	结构主义时期	日本和其他亚洲地区国家的经济起飞和产业发展；美国优势产业国际竞争力下降，反垄断政策趋于温和	芝加哥学派	施蒂格勒、布罗曾、德姆塞茨、威廉姆森
20世纪90年代以来	行为主义时期或后结构主义时期	大企业的主导地位形成，反垄断的重点从调整产业结构转向对大企业的市场行为的规范	新产业组织理论	鲍莫尔、索耶、泰勒尔

资料来源：作者整理。

2.3　市场结构分析范式演进的动因分析

2.3.1　分析范式及其演进动因

所谓范式（Paradigm），是指围绕假设、方法论原则、分析技术、事例等达成的一致看法，以及最终形成的一种反映其学术思想的概念体系。由范式构建起的"学科模子"（Disciplinary Matrices）包括：体系化的范畴、假设、定理、定律、公式、模型和仪器、经典实验的范例，以及常用的研究平台、参照系、度量标准、分析工具等等。这些基本理念及其分析框架和研究方法，构成了"常规科学公认成就"。[①]

作为一门科学，经济学第一个完成的理论框架和分析范式，是以供给—需求分析方法为基础的价格理论，即新古典范式。马歇尔构建一个以供求关系为中心的简洁、统一的理论：需求定律。科斯认为，该定律实现了经济学用以"揭示复杂事物之简单规律，用简单规律解释复杂现象"的新高度。[②] 继马歇尔之后，哈佛学派在研究垄断竞争市场理论的过程中开创了以"结构—行为—绩效"框架为中心的分析范式，即 SCP 范式。

经济学范式革命的另一个重要成就，是新制度经济学派的创立。科斯、威廉姆森、阿尔奇安、德姆塞茨、诺思以及张五常等学者围绕着"交易成本"、"产权"等核心理论范畴，对企业理论、产权理论、制度变迁理论进行了深入的研究。尽管他们之间的许多著作存在着很多方面的差异，但存在共同的内在一致性。[③] 该学派的分析范式可称为"交易费用分析范式"或"新制度主义范式"。

从分析范式的形成与发展脉络，我们可以归纳出范式演进的两个基本动因：方法论创新和理论范畴拓展。两者相互影响和促进，从广度与深度上增强了经济学的解释性。

2.3.1.1 方法论创新

经济学得以发展成为一门科学的最大推动力就是方法论的创新。其中，起到关键作用的是数学方法的运用。在古典经济学时代，经济学的分析方法主要是现象描述法和抽象演绎法。在亚当·斯密那里，这两个分析方法实现了自觉地系统化，并在分析一国何以致富的原因上获得了巨大成功。因而《国富论》的出版也标志着经济学的诞生。但是，现象描述法和抽象演绎法这种"二重化"的分析方法，使得斯密的经济学体系充满了诸多矛盾之处。由于在古典时代数学工具运用

[①] 托马斯·库恩：《科学革命的结构》，北京大学出版社 2003 年版。

[②] R. H. Coase, Marshall on Method, Essay on Economics and Economists, University of Chicago Press, 1994：167–175.

[③] 埃格特森：《新制度经济学》，商务印书馆 1996 年版。

并未受到重视，驾驭两者之间张力的主要基础还是哲学。19世纪末，微积分工具的引入，直接催生了划时代的"边际革命"，经由马歇尔的折中，经济学走出了哲学的怀抱，进入新古典经济学时代。马歇尔本人就是剑桥大学的一个卓有成就的数学家。[①] 1947年，萨缪尔森（Paul A. Samuelson）在博士论文的基础上完成了经典著作《经济分析基础》，以数学为工具，使各种理论和方法获得基本统一的表述。萨氏把最大化原理和均衡原理相结合，使新古典经济学的主体内容有了经典的数学表述形式。萨缪尔逊曾说过，"经济学曾像一个睡美人……她还在等待另外一个吻，数学的方法。"[②]

2.3.1.2 理论范畴拓展

如果说方法论的创新促使理论解释更为深入，理论范畴拓展的作用则主要是促使理论解释更为全面。所谓范畴，就是"存在的最广义的分类"。理论范畴规定了学科研究的范围和条件。一般地说，经济学理论范畴拓展的主要来源是不同理论学派根植于其传统之中的认知视角、主观定向，以及理论核心问题指向的差异性。在多重视角下，人性、心理、制度等都可以成为分析范式演进的切入点，进而打开分析范式的演进空间。[③] Silberberg和Suen在《经济学的结构：数学分析的方法》中将经济学定义为：寻求基于可观测到的约束条件的变化而引起人类行为变化的可辩驳的解释。从这个意义上，经济学发展其实就是不断发现和找到已有的经济理论中的"不可观测到"的约束条件，并将其作为变量纳入其理论范畴，进而发展出新的分析范式。

[①] 熊彼特：《从马克思到凯恩斯》，江苏人民出版社2003年版。
[②] J. R. Shackleton and G. Losksley, Twelve Contemporary Economists, MaCMillan Press, 1987：221.
[③] 王海文：《范式的演进与现代经济学的发展》，载于《经济评论》2006年第5期，第105页。

2.3.2 方法论创新与市场结构分析范式的演进

"产业经济学的研究方法是一个集合,包括实证方法和规范分析、定性分析与定量分析、静态分析和动态分析、统计分析和比较分析、博弈分析法和结构分析法以及系统动力学方法等。"① 其中,最重要的创新无疑是基于数理统计的计量分析方法和基于博弈论的策略性研究方法。前者成为结构主义经验性研究的主要手段,后者则直接重构了市场结构理论的"寡占"模型,促使产业组织理论向主流经济学回归,并把研究重点转向了市场行为的广泛领域。

2.3.2.1 计量分析方法与 SCP 范式的形成

结构主义描述和归纳产业竞争状况的一般性规律多数都是基于经验事实的统计分析。统计技术中的横断面分析、动态分析、时间序列分析能够很好地描述和建立同一时点产业与产业之间、不同时点产业内部的结构关系,并能够验证不同结构和行为要素对绩效特别是对获利能力的影响。由于计量分析方法的引入,结构主义的基本假设"系统性的结构决定系统性的行为"就容易得到验证。例如,该研究传统假设行为和绩效与市场结构有很强的联系,其典型的回归方程是:

$$\pi_i = f(Cr_i, BE_i, \cdots)$$

这一回归模型通过采集各产业的大样本跨部门资料进行计算。由此,通过计量分析方法,对市场结构类型划分标准的研究,就转为对市场结构影响因素的分析。一般地,市场中的企业在数量、份额、规模上的关系被描述为市场结构,其影响因素为如下几个:(1)交易双方的数目和规模分布;(2)产品差异化;(3)市场份额和市场集中度;(4)进入壁垒。通过对影响因素的分析形成了划分市场结构类型的标准。如贝恩的市场结构类型划分等,见表 2-2。

---

① 卫志民:《近 70 年来产业组织理论的演进》,载于《经济评论》2003 年第 1 期,第 88 页。

表 2-2　　　　　　　　贝恩的市场结构类型划分

市场结构类型	CR_4 值（%）	CR_8 值（%）
寡占 I 型（极高寡占型）	$CR_4 \geq 75$	
寡占 II 型（高度集中寡占型）	$65 \leq CR_4 < 75$	$CR_8 \geq 85$
寡占 III 型（中上集中寡占型）	$50 \leq CR_4 < 65$	$75 \leq CR_8 < 85$
寡占 IV 型（中下集中寡占型）	$35 \leq CR_4 < 50$	$45 \leq CR_8 < 75$
寡占 V 型（低集中寡占型）	$30 \leq CR_4 < 35$	$40 \leq CR_8 < 45$
竞争型（原子型）	$CR_4 < 30$	$CR_8 < 40$

资料来源：[美] J. S. 贝恩：《产业组织》。

同时，根据结构主义的观点，竞争属于市场结构的问题，判断产业的竞争性，必须看这一产业的市场结构是否高度集中，是否由寡头企业控制，同时还应看进入该产业的壁垒是否很高，是否阻碍了新企业的进入和竞争。① 这就构成了反垄断政策的理论依据。

由此，我们可以看出，作为方法论意义上的动因，计量分析对于 SCP 范式形成所起到的重大作用。

2.3.2.2 博弈论方法与行为主义范式的形成

博弈论以纳什均衡来阐明企业的行为，分析在既定初始均衡条件或状态下如何运用策略性行为达到新的均衡。这种新的研究方法在对寡占或垄断市场结构、现有企业间的竞争、在位企业与潜在进入企业间的策略行为、企业的进入—退出行为、价格竞争与价格共谋、广告、产品差异化等方面的动态分析取得了显著成效。博弈论方法的引入，使得古诺模型（Cournot，1838）、伯川德模型（Bertrand，1883）等经典寡占模型得到了统一的动态化解释。相应地，市场结构类型的划分标准也不再基于结构，而是基于厂商策略性行为，如古诺结构、伯川德结构等。

总体而言，新产业组织理论运用博弈论在寡占市场竞争者的战略

---

① Bain J. S., Industrial Organization, New York: John Wiley & Sons, Inc., 1959.

相互作用的研究上取得了很大的进展。①

2.3.3 理论范畴拓展与市场结构分析范式的演进

理论范畴拓展引发分析范式革命的典型例子是新制度经济学派的出现和兴起。新制度经济学掀起的理论革命批判了新古典主义的假设论，② 直指新古典范式的"硬核"：稳定性偏好、理性选择和相互作用的均衡结构。科斯定律（Coase Theorem）开启了新的分析范式，其贡献为"发现"了新古典经济学未能涉及的两个约束条件：产权和交易成本。科斯这一开创性研究从根本上拓展了经济学的理论范畴，把新古典经济学的基于"思维结果"的理性假设，即最大化，扩延为"思维过程"的理性。这就是由理论范畴拓展引发的分析范式演进。

具体到市场结构理论上，新制度经济学通过引入信息和交易成本以及产权的约束等新的"概念箱子"，为企业行为的研究提供了全新的理论视角，企业"黑箱"进一步被打开。新制度产业经济学的理论研究重点是企业（公司）内部产权结构和组织结构演变、企业行为变异、企业内部活动对"结构—行为—绩效"的影响等。在政策导向上，新制度产业经济学反对政府干预和反垄断政策。

2.3.4 对分析范式演进的小结

总之，方法论的创新与理论范畴的扩展都是分析范式演进的重要动因，而经济学理论的根本性变革往往是由分析范式演进而引发的。一般来说，不同的经济学学派基于不同的理论渊源和研究传统，或从方法论的角度，或从理论范畴的角度推进理论创新。由于新古典理论的约束条件一直建立在最大化假设上，故其分析范式的创新主要体现

---

① 李何：《供求特征、策略性行为对市场结构的作用机理研究》，吉林大学，2009，第3~5页。

② 张东辉：《经济学研究方法的变革与现代经济学发展》，载于《东岳论丛》2004年第1期，第48页。

在方法论上,强调的是与主流经济学理论的融合。而对新古典学派持批判或否定态度的非主流学派,如新制度学派、新奥地利学派,其分析范式的创新主要体现在理论范畴上,如强调理性过程,注重个体主观行为等。综上所述,本书就方法论创新、理论范畴拓展与市场结构理论分析范式演进的关系简要归纳,如表 2-3 所示。

表 2-3 分析范式演进的动因

约束条件		范式演进		
		SCP 范式	行为主义范式	新制度主义
		结果理性	理性预期	过程理性
动因	方法论	计量分析	博弈论	—
	理论范畴	—	—	交易成本、产权

资料来源:作者绘制。

2.4 本章小结

通过本章的分析,我们可以得到几点结论:第一,产业经济学及市场结构理论分析范式演进的动因是方法论创新和理论范畴拓展。具体表现为:新的分析工具的应用和非主流经济学派对研究范畴的扩展。第二,市场结构理论分析范式兼具规范性和实证性的特征。正是由于垄断现象成为 20 世纪最为普遍的市场形态,以反垄断诉求为出发点的 SCP 框架才得以作为经典范式产生广泛影响。同样地,正是由于博弈论作为方法论的引入,使得人们从理论模型上对于企业行为的分析更为精致、深入,从而最终突破了结构主义经验性的分析范式。第三,从实践上,理论发展折射出世界经济实践的现实需要。英美等主要资本主义国家的优势产业的国际竞争力的不断变化,相应地,作为主导公共政策的理论的选择和应用也不同。在反托拉斯政策上,芝加哥学派自由主义理论对哈佛学派结构主义理论的替代,反映了美国产业竞争力下降后的现实需求。策略性行为理论,则适应了公共政策从对调整产业结构到对规范企业行为的转变。产业组织理论围绕反托拉斯或竞争政策的实践和争执，是一个经济实践、经济理论交织作用、相互影响的过程。

对于未来的研究展望，从经济实践看，品牌现象大量出现在现实市场经济中，品牌策略已经逐渐成为厂商竞争的主要策略性行为之一。更为重要的是，品牌也是理性消费者进行产品选择过程中的一个符号性标志，它独立于价格约束对消费者行为产生影响。因而，把品牌作为一个要素纳入到经济学研究框架中，将实现理论视角从厂商行为分析转向消费者行为分析。这是对经济学假设局限的改变。本书认为，在新的方法论尚未出现之前，引入品牌因素，实现理论范畴拓展，将可能成为市场结构理论创的新来源。

第 3 章

市场结构决定的品牌经济模型

3.1 品牌视角下的市场结构决定

3.1.1 产业组织理论的市场结构决定

在产业组织理论中，市场结构本质上是反映市场竞争和垄断关系的概念。在标准的经济学教科书里，完全竞争市场被定义为：(1) 市场上有无数的买者和卖者。在这种情况下，每一个消费者或每一个厂商都是市场价格的被动接受者，对市场价格没有任何控制力量。市场价格完全由供求关系确定。(2) 商品为同质商品。同一行业中的每一个厂商生产的商品是完全无差别的。(3) 完全信息市场。生产者和消费者掌握市场全部信息，信息完全对称；厂商可以自由进入或退出市场（行业）。厂商进出不存在任何障碍。[1] 相应地，产业组织理论也归纳了决定市场结构的重要因素：厂商的集中、产品的差别程度、厂商进入、退出的难度，如图 3-1 所示。

根据市场结构的决定因素的差异程度，产业经济学家把市场结构分成了四种市场结构类型：垄断、寡头、垄断竞争、完全竞争。图 3-1 显示了产业组织理论的市场结构决定因素或特征变量。对比市场

---

[1] 曼昆：《经济学原理》，北京大学出版社 2009 年版，第 295 页。

第3章 市场结构决定的品牌经济模型

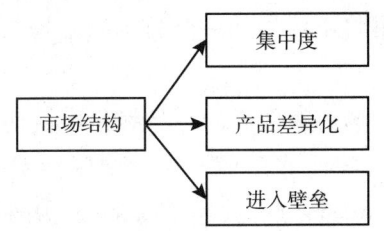

图3-1 产业组织理论的市场结构决定

资料来源：作者绘制。

结构决定因素和完全竞争市场的局限条件，我们就会发现，所谓市场结构的决定，实际上就是对竞争局限条件的假设严苛程度的判定。

3.1.2 市场结构决定的品牌经济模型

从消费者的角度来看，市场结构本质上可以归结为市场份额。这也与现实相符。所有厂商都念念不忘地争取并保持更高的市场份额。市场份额是决定结构的核心因素。① 因此，市场结构的决定可以转化为品牌市场份额的扩大或缩小，以及各个品牌之间的市场份额竞争结构的形成与发展。

本书认为，集中度（无论是市场集中度，抑或品牌集中度）所反映的都只是市场份额的分布特征，是通过某种计量指标对市场结构进行描述的一种方式。从消费者的角度而言，市场结构的本质是厂商市场份额是如何扩大和缩小的，即市场份额的形成与演进；厂商之间的市场份额是如何此消彼长的，即市场结构的形成与演进。

因此，在以研究消费者选择成本为基础的品牌经济学范式下，市场结构的问题转化为研究影响市场份额的特征与影响市场份额诸因素

---

① 参见 William G. Shepherd, The Treatment of Market Powe, New York: Columbia University Press, 1975; 以及 F. M. Scherer and David N. Ross, Industrial Market Structure and Economic Performance, 3rd edition, Boston: Houghton Mifflin, 1991。

· 47 ·

的特征与机制。本书将由此构建一个简单的市场结构决定的品牌经济模型。

首先,由品牌市场份额构成的是品牌集中度而非市场集中度。因为消费者选择的是品牌而非厂商。在对中国消费者购物行为的调查中,安宏宇(Yuval Atsmon)、狄维瑞(Vinay Dixit)和马思默(Max Magni)发现,45%的中国消费者认为"一分钱,一分货",与之相比,在美国和日本分别只有16%和8%的消费者如此认为。同样,与其他国家的消费者相比,愿意购买更昂贵的名牌产品的中国消费者要多得多。然而,中国消费者也非常务实。该调查显示,中国购物者首先确定购物的预算,然后编制一个包括几种特定品牌的候选名单,最后举行"选美比赛",以确定最具吸引力的品牌。[①] 因此,本书认为,对市场份额占比的度量应以品牌为基本单元。

其次,从品牌需求函数的一般形式 $Q = \alpha f[P, C_C(B)]$,我们可以得出影响市场份额的两对基本关系:(1)价格 P 与选择成本 C_C 的影响关系;(2)不同品牌的选择成本之间的关系。

第一,品牌经济学研究的重点是在价格既定条件下,选择成本对市场份额的影响。在现实经济中,尽管消费者选择的是由选择成本决定的品牌,但其最终支付仍然是货币成本,即消费者在购物过程中的最终成交价格。因此,本书选取品牌需求弹性(Brand Elasticity)作为考察消费者在品牌条件下的价格敏感度的工具,以此来度量选择成本对品牌市场份额的影响。

第二,在品牌条件下,众多在位品牌和潜在进入者之间的市场份额竞争始终围绕着降低消费者选择成本 C_C 展开。

假设存在一个商品 X 的品类集 $X: \{X_1, X_2, X_3, \cdots, X_n\}$,若在位者品类为 X_1,且 $C_c(X_1) = 0$,显然,消费者已经对该品牌的品类形成了认知,使得后来者或潜在进入者无法超越和替代品类 X_1。这就在目标消费者的心里形成了一种品牌壁垒 B_b(Brand Barrier)。若

---

① Yuval Atsmon, Vinay Dixit, Max Magni, China's New Pragmatic Consumers, McKinsey Quarterly, July, 2010.

第3章 市场结构决定的品牌经济模型

$\sum_{i=2}^{n} C_c(X_i) > 0$，则表明，后进入者中存在对品类 X_1 的模仿，因而无法突破 X_1 的品牌壁垒，后来者将受到在位者强大的竞争压力。这就必然迫使其竞争者采取品类对立创新策略。① 即，$\sum_{i=2}^{n} C_c(X_i) = 0$，则意味着后来者开创出了一个与在位者 X_1 不产生直接竞争的新的品类需求。因此，市场份额的竞争就带来了一个必然结果：品牌的分化。② 我们用品牌分异度（Brand Divergence）这个概念来表达。

由此，我们得到了市场份额形成机制的决定因素：品牌需求弹性、品牌分异度、品牌壁垒。构造市场结构决定的品牌经济模型的简单形式如下：

$$CR_m^b = F(E_b, D_b, B_b)$$

其中 CR_m^b 为品牌集中度；E_b 为品牌需求弹性；D_b 为品牌分异度；B_b 为品牌壁垒。其关系如图 3-2 所示。

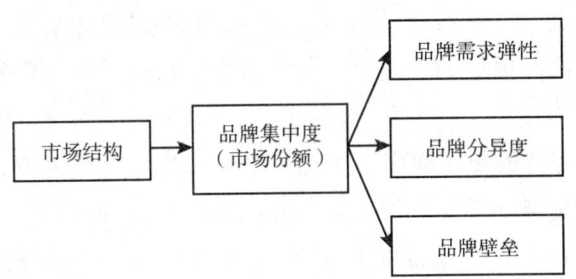

图 3-2 市场结构决定的品牌经济模型

资料来源：作者绘制。

---

① 孙曰瑶、刘华军：《品牌经济学原理》，经济科学出版社2007年版，第91页。
② 美国定位营销大师艾尔·里斯从生物进化的角度最先提出了"品牌分化"这一概念。他认为：打造品牌最有效、最具生产力、最有用的一面是创造一个新的商品类别。换言之，将焦点先缩小到零，然后开创一个全新的领域（第82页）。参见艾尔·里斯、劳拉·里斯的《品牌22律》、《品牌之源》等著作。

3.2 基于品牌的市场结构描述指标

3.2.1 品牌集中度的提出

在经典的市场结构—市场行为—市场绩效（SCP）范式中，市场集中度是衡量市场竞争程度（或市场结构类型）的重要指标，也是决定某一市场绩效或效率的重要因素。[1][2][3] 市场集中度的度量，通常是以厂商的业务规模、利润额、市场份额等经济效益指标的相对规模分布为基准进行测量，方法多达十几种。[4] 在实证研究方面，目前大多直接采用绝对集中度 CR_n 或赫芬达尔指数等对某一或多个产业进行测算，再据此分析厂商行为和市场绩效。但是，简单地业务规模或市场份额的加总，仅仅描述了市场竞争的静态结果，只能表明市场结构（S）和厂商行为（C）、市场绩效（P）之间的相关性，无法揭示其因果关系，更没有揭示单个厂商为获取市场份额而采取的竞争策略（如品牌策略）。

从现实经济的角度而言，由竞争导致的集中度的演变，表现为厂商所拥有的品牌（或品牌组合）的市场份额扩大或缩小的过程。消费者购买时选择的对象是品牌而不是其所属厂商。以美国汽车市场为例，19世纪末20世纪初，美国的汽车行业呈现出一片繁荣景象，有500多家汽车制造商争夺这个新兴市场的市场份额。到1917年，美国汽车行业中的企业数量只剩下了23家，通用汽车（GE）和福特（Ford）控制了大部分市场份额。从产业集中度或市场集中度看，到

---

[1] 谢泼德：《产业组织经济学》，中国人民大学出版社2007年版。
[2] 刘志彪、石奇：《现代产业经济学系列讲座（六）——市场结构和公司结构的决定》，载于《产业经济研究》2004年第2期，第70~78页。
[3] 蒋殿春：《跨国公司与市场结构》，商务印书馆1998年版。
[4] 多纳德·海、莫瑞斯：《产业经济学与组织》，经济科学出版社2001年版，第391页。

第3章 市场结构决定的品牌经济模型

1929年，通用汽车、福特和克莱斯勒（Chrysler）拥有汽车市场75%的市场份额。但我们应该看到，为了获取市场份额，美国三大汽车巨头建立了庞大的品牌组合：通用汽车拥有别克、凯迪拉克、雪佛兰、奥兹莫比尔、庞蒂克、克尔维特、悍马等品牌；福特公司拥有阿斯顿·马丁、福特、美洲虎、路虎、林肯、马自达、水星和沃尔沃[①]；克莱斯勒公司拥有梅赛德斯—奔驰、迈巴赫、Smart、Jeep、克莱斯勒、赛特拉等品牌。20世纪80年代以来，日本汽车厂商进入并蚕食美国市场也是通过品牌渗透实现的，如丰田的雷克萨斯（Lexus）、本田的讴歌（Acura）等。同样地，在日化、饮料、家电等众多消费品领域，由于多品牌现象的普遍存在，品牌竞争已经成为现代市场经济中厂商争夺市场份额的最重要手段。

哈佛学派的代表人物贝恩认为："厂商能够通过限制它们之间的竞争来提高利润，而它们做到这一点的最好方面，莫过于通过兼并或者其他方式以形成一种市场结构，其中厂商的数量较少而销售集中的程度较高。"[②] 杰格迪什·谢斯（Sheth，2002）和拉金德拉·西索迪亚（Sisodia，2002）曾经提出过著名的"3法则"（The Rule of Three）。[③] 但是，这种以厂商为单元的市场集中度及其度量方式，忽视了厂商市场份额演变的实质是品牌市场份额演变这一基本事实，更掩盖了厂商所提供的品牌之所以能够获取并扩大市场份额的根本原因——消费者选择。市场集中度的演变，是消费者选择的结果。在现实经济世界中，作为消费者选择的排他性符号，品牌已经成为厂商扩大市场份额的主要手段。正是消费者在购买过程中给以其机会，通过"货币选票"机制，才使得厂商能够形成规模经济，实现其品牌市场份额的扩大。

[①] 2010年3月28日，中国发展最快的汽车制造商之一浙江吉利控股集团有限公司与福特汽车签署最终股权收购协议，获得沃尔沃轿车公司100%的股权以及相关资产（包括知识产权）。

[②] Bain, J. S. and Qualls, P. D., Industrial organization: a treatise, London: Jai Press Inc., 1987.

[③] 杰格迪什·谢斯、拉金德拉·西索迪亚：《企业定位法则：3的法则》，机械工业出版社2004年版。

因此，本章提出品牌集中度的概念作为度量市场结构的指标。所谓"品牌集中度"，是以市场中的单一品牌，而非厂商为考察对象。通过测量品牌的销售额市场份额的集中程度来衡量品牌的数目和相对规模的差异。

3.2.2 品牌集中度的测量原理

"品类，代表的是目标消费者选择商品的某个单一利益点。"①因此，可从商品的品类集 $X: \{X_1, X_2, X_3, \cdots, X_n\}$ 推导出相应的利益集 $F: \{F_1, F_2, F_3, \cdots, F_n\}$。消费者作出的选择行为，实际上是对利益集 F 的判定。在数学上，为了显示若干量数在总量中所具有的重要程度，分别给予不同的比例系数，这就是加权。因此，又可得出一个消费者选择的权重集 $W: \{w_1, w_2, w_3, \cdots, w_n\}$，且有 $\sum_{i=1}^{n} w_i = 1$。

由于资源禀赋的差异和品牌策略的不同，厂商往往倾向于诉求某一个或几个利益点，这样，品牌市场份额就会分布在不同的利益集中。作为消费者基于利益选择的结果，其权重就同时具有了反映消费者的选择和厂商的主观努力。② 品牌集中度在对市场份额进行集中度度量时，考虑到了这一因素，加入了品类权重（Category Weight）和品型权重（Sub-Category Weight）③ 等消费者选择依据或标准的权重。据此，我们对常见的集中度计量方式进行改造。绝对品牌集中度可变

---

① 孙曰瑶、刘华军：《品牌经济学原理》，经济科学出版社 2007 年版，第 90 页。

② 在营销领域里，主要有两种理论来解释市场份额的决定过程。一个是"营销努力模型"（Marketing Effort Model），它是由 Kotler 提出的。该理论认为一个产品的市场份额与企业对该产品的营销努力成正比，营销努力越大则市场份额也越高。参见 Kotler P. Marketing Management, Analysis, Planning and Control, 5th Edition, Englewood Cliffs, NJ: Prentice Hall, 1984；另一个理论是"吸引力模型"（Attraction Model），是由 Bell、Keeney 和 Little 提出的，所以有时也被简称作 BKL 模型。参见 Bell D. E., Keeney R. L., Little J. D. C., A market share theorem, Journal of Marketing Research, 1975, 12 (2): 16 –141。

③ 根据中国电冰箱市场的具体特点，在本书第 4 章、第 5 章的分析中，都以品型作为消费者选择标准的分类依据。

成：$CR_m^b = \sum_{i=1}^{n} w_i CR_{mi}$；而霍芬达尔指数也可以通过加权改造为：$H^b = \sum_{i=1}^{n} w_i H_i$。

在现实经济中，在针对不同市场（产业）的实际应用中，我们可根据该市场中消费者选择的具体特点来确定权重的标准。方法如下：

（1）经验方法。通过访问有经验的行业内的专家、学者，以他们在实践中的经验分析指标的重要性，从而确定指标项权重系数的大小。

（2）多因素统计方法。通过问卷设计，将各项指标项列出来，以不同的等级让调查对象（主要是消费者）进行选择，再将调查的结果进行统计计算，以计算出来的排序指数的大小来确定权重系数的大小。

3.3 市场结构决定的品牌因素分析

3.3.1 品牌需求弹性及其对市场结构的影响

黄少安认为，尽管交易成本是判别制度优劣性的重要变量，但是，关注交易成本的目的是节约交易成本，而不是准确地度量它。[①] 同样地，本书认为，能否有效地降低消费者选择成本是品牌的重要标志，但选择成本的存在及其作用机制，其重要价值在于发现品牌机制与价格机制的作用关系。换言之，在价格一定条件下，选择成本对消费者选择行为的影响，或者在选择成本一定条件下，价格对消费者品牌选择的影响。在充满了品牌选择的现实经济中，消费者在选购产品时，不会仅仅只考虑单一的价格因素，而是同时会考虑到品牌因素，

---

① 黄少安：《制度经济学中六个基本理论问题新解》，载于《学术月刊》2007年第1期，第82页。

即是否节约了选择成本。更为重要的是，选择成本如何影响了消费者对价格作为传导信号和调节机制的作用。因此，我们可以通过研究在品牌经济条件下，价格发挥作用的条件和特征，来探索品牌对消费者选择行为的影响。由之，研究重点就转向了品牌需求价格弹性。这将使得对选择成本作用机制的分析可度量化和线性化。

下面，我们来探讨由于选择成本不同而造成的消费者在品牌之间进行选择时的对立性或替代性程度及其均衡定价。

孙曰瑶、刘华军（2007）提出了选择成本 $C_c = f(B)$，其中，$\frac{dC_c}{dB} < 0$，并在此基础上给出了品牌的经济学定义，如下：

$$C_c = 1 - f(m, e) \cdot h(h_1, h_2, h_3) = 1 - B$$

其中，$f(m, e)$ 为利益函数。m 是物质利益，e 是情感利益，h 为符号排他性，h_1 为商标符号产权明晰度，h_2 为商标符号单义度，h_3 为商标符号记忆粘度。$h(h_1, h_2, h_3)$ 为符号排他性，其取值为 0 到 1，即有 $h(h_1, h_2, h_3) \in [0, 1]$，当 $h = 0$ 时，表示符号完全没有排他性，当 $h = 1$ 时，表示符号排他性最大。

照此公式，有 $f(m, e) \to 1$，$h(h_1, h_2, h_3) \to 1$ 时，$C_c \to 0$，$B_c \to 1$。此时，商标才从法律性标示成为品牌。[①]

现设 $r = r(f, h)$，表示由于厂商通过品牌建设，形成的品牌之间的对立程度，且有 $\frac{dr}{dh} < 0$，$\frac{dr}{df} < 0$。

设有两个品牌 1，2。其线性反需求函数分别为：

$$p_1 = a - b(q_1 + rq_2)$$
$$p_2 = a - b(rq_1 + q_2)$$

其中，a 和 b 为正，$0 \leq r \leq 1$。

通过转化反需求函数的方程式，可以得到需求函数方程式如下：

$$q_1 = \frac{ab}{1+r} - \frac{p_1 - rp_2}{(1 - r^2)b}$$

[①] 孙曰瑶、刘华军：《品牌经济学原理》，经济科学出版社 2007 年版，第 57~58 页。

第3章 市场结构决定的品牌经济模型

$$q_2 = \frac{ab}{1+r} - \frac{p_2 - rp_1}{(1-r^2)b}$$

只要有 $r < 1$, 等式即可成立。

设 $MC_1 = MC_2 = c$, 其中, c 为常数。则有利润函数分别如下:

$$\prod_1 = (p_1 - MC_1) \cdot Q_1$$

$$= (p_1 - c) \frac{(1-r)a - p_1 + rp_2}{(1-r^2)b}$$

$$\prod_2 = (p_2 - MC_2) \cdot Q_2$$

$$= (p_2 - c) \frac{(1-r)a - p_2 + rp_1}{(1-r^2)b}$$

令 $\frac{\partial \prod_1}{\partial p_1} = 0$, $\frac{\partial \prod_2}{\partial p_2} = 0$, 则有:

$$\frac{a(1-r)+c}{(1-r^2)b} - \frac{2}{(1-r^2)b}p_1 + \frac{r}{(1-r^2)b}p_2 = 0$$

$$\frac{a(1-r)+c}{(1-r^2)b} - \frac{2}{(1-r^2)b}p_2 + \frac{r}{(1-r^2)b}p_1 = 0$$

求解: $p_1 = p_2 = \dfrac{(c-a)r - ar^2 + 2a + 2c}{4 - r^2}$, 即为利润最大化条件下企业的定价。

当 $r = 0$, 即 $f(m, e) \to 1$, $h(h_1, h_2, h_3) \to 1$, 此时, $C_c \to 0$, $B_c \to 1$, 有:

$$p_1 = p_2 = \frac{1}{2}(a+c)$$

当 $r = 1$, 即 $f(m, e) \to 0$, $h(h_1, h_2, h_3) \to 0$, 此时, $C_c \to 1$, $B_c \to 0$, 有:

$$p_1 = p_2 = c$$

我们发现, 在无品牌条件下, 即 $C_c \to 1$, $B_c \to 0$ 时, 其均衡定价与完全竞争条件下一致。

3.3.2 品牌分异度及其对市场结构的影响

3.3.2.1 品类对与品牌分异度

在任一市场中,都存在着强大的在位者品牌和后来者以及潜在竞争品牌之间的竞争。对于理性的消费者而言,当在位者品牌所诉求的品类 A 的选择成本 $C_c(A)=0$ 时,即消费者已经对在位品牌品类 A 形成了品牌认知,若后来者或潜在进入者品牌 B 采取模仿策略,其选择成本 $C_c(B)$ 趋近于 1。同时,由于消费者偏好的稳定性,其转换成本(Switching Cost)也将非常高。此时,对于后来者和潜在进入者品牌来说,"品类模仿不会成功"。[①]

孙曰瑶、刘华军(2007)提出了"品类对"模型,用以说明,存在品类 A,即一定存在 $-A$,使得 $C_c(B)=0$。此时,后来者或潜在进入者品牌通过运用"对立共生"策略,绕过了在位者所占据的品类 A,开辟了新的"蓝海",即品类 $-A$。

下面,我们来讨论通过品类对立法则,使得品牌品类度变得更为清晰,而对需求曲线产生的影响。我们仍然从商品的品类集 X 和利益集 F 入手来分析。

$$X: \{X_1, X_2, X_3, \cdots, X_n\}$$
$$F: \{F_1, F_2, F_3, \cdots, F_n\}$$

假设消费者对于利益点集合的需求具有不可替代性,且不存在价格约束,则有每个单一利益点的需求量为 Q_{F_i},若 $B(F_1)=1$,$B(F_2)=1$,$\cdots$,$B(F_n)=1$,则可得总需求量 $Q_F = \sum_{i=1}^{n} Q_{F_i}$。若 $B(F_1)<1$,$B(F_2)<1$,$\cdots$,$B(F_n)<1$,后来者或潜在进入者品牌采用了与在位者相同或相似的品牌策略,导致品类度模糊,则此时的总需求量 $Q_S < Q_F$。

[①] 孙曰瑶、刘华军:《品牌经济学原理》,经济科学出版社2007年版,第158页。

第3章 市场结构决定的品牌经济模型

随着市场竞争的加剧，必然会导致产品从模糊利益转化为多个单一利益点，而细分的数量越多，品牌的分异度越高。若一个产品市场，在对立法则的作用下，品类不断分化，导致品牌分异度提高，则需求曲线向右移动，由 D 右移至 D_1；若品牌品类度模糊，则需求曲线向左移动，由 D 左移至 D_2。

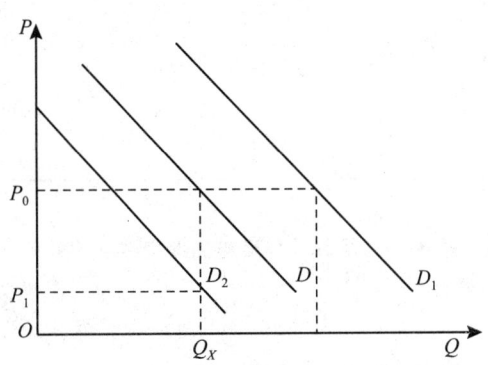

图3-3 品牌分异度的变化与需求曲线的移动

资料来源：《品牌经济学原理》。

3.3.2.2 品牌分异度对市场结构的影响

由于品牌分异意味着市场浓度的稀释，因而，这一分化的过程必然带来以品牌竞争为基础的市场结构的松散。若 $s_i \equiv \dfrac{q_i}{Q} = \dfrac{1}{n}$，则易证明随着品牌分异度的提高，品牌集中度将逐渐降低，市场结构呈现松散的趋势。若 $s_i \neq s_j$，假设 $\sum_{i=1}^{n} B(F_i) \to n$，且 $\sum_{i=1}^{n} C_c(F_i) \to 0$，即每个细分市场上的品牌市场份额 $s_i \to 1$，此时，销售量的占比转化为对某一个单一利益点 F_i 的市场容量的占比，即 Q_{F_i}/Q_F。但是，只要品类的分化继续，我们仍可以得到类似的结论。品牌分异度与品牌集中度的关系如图3-4所示。

市场结构的品牌经济分析

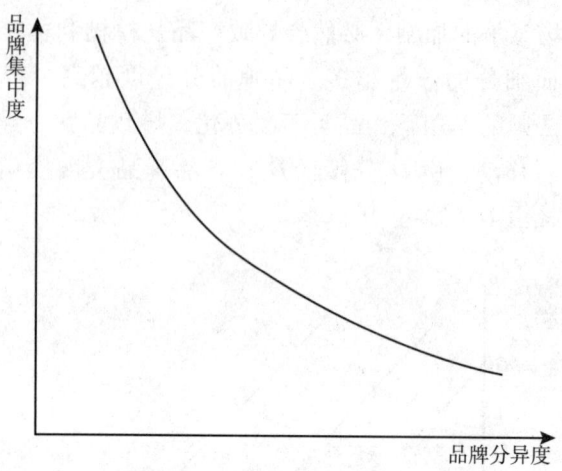

图 3-4　品牌分异度与品牌集中度的关系

资料来源：作者绘制。

3.3.3　品牌壁垒及其对市场结构的影响

本节讨论品牌壁垒与市场结构之间的关系。首先，我们认为，作为进入壁垒的品牌对市场结构的影响，其实质是产品的流通与分配效率带来的成本变化对于市场结构的影响。其次，我们再来探讨不同品牌壁垒与市场结构类型二维组合下的品牌进入问题。

3.3.3.1　品牌壁垒对市场结构的影响

假设一个行业的需求曲线为 $p = f(Q)$，此处，$Q = \sum_{i=1}^{n} q_i$，市场总需求量是 $i=1, 2, \cdots, n$ 个企业需求量之和。且每个企业的成本函数不同。根据 Clarke 和 Davies (1982)，有：

$$H = \sum S_i^2 = -nE^2 + 2E + (1-nE)^2 \frac{\sum C_i^2}{(\sum c_i)^2} \quad (4)$$

其中，H 为霍芬达尔指数。简化后得到，

$$H = \frac{1}{n} + (1-nE)^2 \frac{v_c^2}{n} \quad (5)$$

· 58 ·

显然，如果每一个企业都拥有相同的成本和规模，则霍芬达尔指数等于$\frac{1}{n}$。

然而，品牌机制使得不同企业的成本函数是不同的，v_c的变动适应于产品分配效率带来的成本曲线的移动，故而，也导致了不同企业品牌的市场份额不同。而且，差异越大，市场集中越明显。同时，品牌信用度的变化与B品牌价格需求弹性E呈反向关系。即，$B\to 1$时，$E\to 0$。这就使得品牌信用度高的企业或品牌能够获得更大的利润加成，并促使市场份额进一步向这类品牌集中。

进一步地，我们可以得到两个基本的命题：

命题1：产能过剩且价格不变的条件下，某个企业品牌市场份额的扩大与缩小取决于品牌信用度的大小。品牌信用度越大，市场份额扩大，且企业利润也随之上升。

命题2：在规模经济且产品同质的条件下，在位企业（品牌）的品牌信用度越高，则新进入者所面临的品牌壁垒也越高，且市场结构将趋于集中。反之，新进入者易于突破进入壁垒，且市场结构有松散的趋势。

3.3.3.2 品牌壁垒与市场集中度对品牌进入的影响

根据品牌壁垒与市场集中度的高低组合，我们可以形成一个二维象限图，通过其组合关系来分析典型的市场结构与品牌壁垒对品牌进入的影响，如图3-5所示。

市场集中度	高	Ⅳ	Ⅲ
	低	Ⅰ	Ⅱ
		低	高
		品牌壁垒	

图3-5 品牌壁垒与市场集中度

资料来源：作者绘制。

Ⅰ型"低市场集中度+低品牌壁垒":即在位品牌的市场份额均不高,市场处于松散状态;同时也缺乏强势品牌,主要以价格为竞争手段,此时,新进入者无论拥有规模经济或品牌优势,均能够较容易地进入该行业。这类市场结构主要是一些新兴行业。

Ⅱ型"低市场集中度+高品牌壁垒":即在位品牌的市场份额均不高,但已经形成了一些强势品牌,以品牌为主要竞争手段,此时,在规模经济相同条件下,新进入者可通过"品牌对立法则"进入该市场。否则,将很难突破在位品牌构筑的品牌壁垒。呈现这类市场结构的行业主要有橱柜、厨房电器等。

Ⅲ型"高市场集中度+高品牌壁垒":即在位品牌的市场份额较高,且形成了一些强势品牌。当市场结构呈现这一特征时,新进入者是很难进入的。如欧美发达国家的汽车市场等。

Ⅳ型"高市场集中度+低品牌壁垒":即在位品牌的市场份额较高,但没有形成强势品牌。这一类市场结构主要是一些经历了产业规模发展但仍处在价格竞争阶段的行业。目前我国的许多行业,如家电、日化产品、运动鞋(服装)等行业都处于这一阶段。这就给具有品牌优势的跨国公司进入带来了机会。

3.4 本章小结

本书认为,市场结构的本质是品牌市场份额的形成与品牌之间市场份额的此消彼长问题。尤其是在过剩经济和消费者选择条件下,市场结构的形成和演进是理性消费者对品牌进行选择的结果。因此,在本章中,我们提出了品牌集中度概念,作为对传统产业组织理论中度量厂商生产规模工具的市场集中度的替代和扬弃。这一指标更好地反映了市场竞争的真实状况,也更能够反映复杂的市场结构特征。

通过研究品牌经济学范式下消费者选择行为的品类集和利益集,以及其在竞争中可能发生的变化,我们抽象出了3个市场结构决定的

第 3 章 市场结构决定的品牌经济模型

品牌经济因素：品牌需求弹性（主要是指价格弹性）、品牌分异度、品牌壁垒，初步探讨了这三个决定因素和市场结构之间的关系，并给出了一个简单的市场结构的品牌经济模型。

第 4 章

品牌集中度的度量研究

本章运用品牌经济学原理①,从消费者选择行为的角度,研究基于品牌集中度的市场结构决定。本章第二部分给出一个简单的品牌集中度度量模型。并通过与传统市场集中度的比较分析,指出品牌集中度的优越性;第三部分则基于品牌需求函数诸因素分析其对品牌集中度演进的影响;第四部分,通过中国电冰箱行业的市场结构变迁进行实证分析;第五部分作出简短结论。

4.1 品牌集中度模型

4.1.1 选择成本与品牌

消费者的理性选择或最优化过程可以用下面的数学形式来表达:

$$\max U(x, y) \tag{1}$$

$$s.t. \quad P_x \cdot x + P_y \cdot y \leq m \tag{2}$$

其中,x、y 表示消费者购买的商品数量,P_x、P_y 表示商品的货

---

① 孙曰瑶、刘华军:《品牌经济学原理》,经济科学出版社 2007 年版。以下各章所引述品牌经济学相关论述均出自孙曰瑶、刘华军的这本专著,或相关发表之论文。下不赘述。

币价格（Money Price），m 表示收入水平，那么消费者的最优化就是在价格、收入一定的条件下，即（2）式，来最大化其效用，即（1）式所示。实际上，消费者在整个选择和购买过程中，除了支付货币价格、交易费用之外，在最优化决策阶段还必须要花费一定的成本。这就是（1）式即消费者最优化决策过程本身产生的成本，称为"选择成本"（Choice Cost）。

因此，在经济学意义上，所谓品牌，就是降低消费者选择成本的排他性的利益符号。假设每种商品都有商标（Trademark），那么消费者就会认为获得效用满足的该商标的商品"信用度"较高。当消费者在未来产生同样的需求时，将直接选择该商标的商品，省略了通过信息搜寻来建立备选集以及择优决策这些中间过程，那么该商标也就成为了品牌（Brand）。

4.1.2 品牌集中度

与通常的产业集中度或市场集中度对行业内规模以上企业的市场份额或其他经济绩效指标进行笼统的测算不同，品牌集中度对品牌的市场份额或其他经济效益指标进行测算。具体模型构建基于品牌需求函数，推导过程如下：

在品牌经济学框架下，刘华军、孙曰瑶（2008）提出了品牌需求函数的一般形式：

$$Q = \alpha f[P, C_c(B)] \qquad (3)$$

其中，Q 为需求量，α 为品类需求强度系数，P 为价格，C_c 为选择成本，B 为品牌信用度。

我们知道，在一个产品市场上存在着若干子品类。如家用轿车，有普通乘用车、多用途乘用车（MUV）、越野乘用车等；家用电冰箱，有两门冰箱、三门冰箱、对开门冰箱和多门冰箱等。有些品牌的产品覆盖所有子品类，有些品牌则仅生产单个或其中几个子品类，且在不同子品类的竞争能力也不同。我们称之为品型。实际上，这也是品牌策略的一部分。测量品牌集中度时，必须将品牌在子品类（即品型）

上的品牌策略因素考虑进去。因之,对品牌需求函数作如下改进:
$$q_{ij} = \alpha_i \beta_j f(p_{ij}, C_C) = \alpha_i \beta_j f[p_{ij}, C_C(b_i)] \tag{4}$$
其中,

q_{ij} 表示生产该类产品的第 i 个品牌在第 j 个品类市场上的需求数量;

p_{ij} 表示第 i 个品牌在第 j 个品类市场上对其产品索取的价格(货币价格);

C_C 表示消费者的选择和购买第 i 品牌过程中所花费的选择成本(Choice Cost);

b_i 表示第 i 个品牌的品牌信用度(Brand Credit Degree),根据品牌经济学的定义,$b_i \in [0, 1]$;由于厂商可对自己的品牌或品牌组合进行相应的品牌建设,因此对于厂商来说,品牌信用度是可以控制的变量,是内生的。且选择成本是品牌信用度的减函数。

α_i 表示第 i 个厂商所处于的品类市场的品类需求强度系数(Category Demand Intensity Coefficient,CDIC),表示具备某一单一利益点的消费者或目标顾客的数量占总市场容量的比重。

β_j 表示第 i 品牌所在的第 j 个品型市场的品型需求系数(sub-Category Demand Coefficient,sCDC),表示该品型市场的市场容量或空间,可以用对该品型的需求数量(销售量)与该产品市场总需求数量(销售量)之比来表示。

$$\beta_j = \frac{m_j}{N}, \ j = 1, 2, \cdots, l \tag{5}$$

$$N = \sum_{j=1}^{l} m_j \tag{6}$$

其中,m_j 表示对第 j 个品型市场的需求数量,也即该品型的市场容量或市场空间;N 表示市场中的总需求数量。

理论上,由于
$$m_j \leq N \tag{7}$$
所以,(5)式还满足:
$$0 \leq \beta_j \leq 1 \tag{8}$$

第4章 品牌集中度的度量研究

由于品牌集中度是对品牌而不是厂商的市场份额的测算，因此，我们通过品牌需求函数来研究品牌市场份额和品牌集中度。市场份额通常以销售量与整个市场销售量之间的比率来表示，但考虑到品牌本身就包含了价格因素，因此，品牌市场份额采用某品牌销售额与整个市场销售额的比率，更能够反映品牌之间的市场竞争态势。

首先，我们测算出某一品牌在某一个品型市场上的销售额市场份额。根据（4）式有：

$$S_{ij} = \frac{q_{ij}p_{ij}}{Q_j P_j} = \frac{q_{ij}p_{ij}}{\sum_{i=1}^{n} q_{ij}p_{ij}} \quad i=1,2,\cdots,n; j=1,2,\cdots,l \quad (9)$$

其中，S_{ij}为第i个品牌的第j个品型的销售额市场份额；q_{ij}表示第i个品牌的第j个品型的需求数量；p_{ij}表示产该类产品的第i个品牌的第j个品型的价格；Q_j为第j个品型市场总的销售量；P_j为第j个品型市场的平均价格。

由此，我们可以先得到第j个品型市场的品牌集中度：

$$CR_{jm} = \frac{\sum_{i=1}^{m} s_{ij}}{\sum_{i=1}^{n} s_{ij}} = \frac{\sum_{i=1}^{m} \alpha_i \beta_j f[p_{ij}, C_{c_i}]p_{ij}}{\sum_{i=1}^{n} \alpha_i \beta_j f[p_{ij}, C_{c_i}]p_{ij}} \quad (10)$$

式中：CR_{jm}为第j个品型市场的品牌集中度（按照将该产品市场划分为l个品型市场）；

$\sum_{i=1}^{m} \alpha_i \beta_j f[p_{ij}, C_{c_i}]p_{ij}$为品型$j$市场内前$m$位品牌的销售额；

下标i表示该品型市场上的品牌数目，$i=1,2,\cdots,n$；

下表j表示品型市场的数目，$j=1,2,\cdots,l$。

基于消费者选择行为具有较为明确的倾向性，我们假设不同品型之间不具有替代性或替代性较弱。因此，可采取加权平均法，即将分别计算得出的各品型市场的品牌集中度，以该品型市场份额权重进行加权平均处理，这样就得到了整个产品市场的品牌集中度CR_m^b。

$$CR_m^b = \sum_{j=1}^{l} (CR_{jm} \cdot s_j / \sum_{j=1}^{l} s_j) \quad (11)$$

可以看出，(11)式将产品市场份为j个品型市场，并分别对不同品型市场上的竞争状态进行度量。同时，将常用的销售量市场份额转换为销售额市场份额，从而将价格因素内生化。这样处理，就将品牌策略的两个最重要的维度（品型策略和价格策略）考虑进模型了，从而反映出厂商以品牌作为竞争方式的实际市场结构特征。上述公式表面上仍保留了传统的市场集中度度量公式的形态，但其内涵发生了根本性的变化。由于品牌集中度CR_m^b在度量方式上采用了加权平均数，更好地体现出了不同品牌的竞争策略以及品牌之间的竞争强度。

4.1.3 品牌集中度测量市场结构的优势

我们知道，集中度是衡量市场结构的重要指标，也是"结构—绩效"关系研究中的一个重要内容。但是，传统的市场集中度或产业集中度测量的是企业的生产规模或厂商市场占有率，并不能体现市场的实际情况。首先，基于不同的品牌定位策略，有些品牌生产和销售所有的产品品型，但也有些品牌的产品仅仅只覆盖了部分品型市场或者以某一个品型市场为主。而这些品牌有可能是高端市场的领导者，对市场结构产生重大影响。其次，即使同一厂商，也可能采取多品牌策略来覆盖不同的品型市场。而且，这些品牌是可以在不同的厂商间进行收购、转让的。最后，不同品型的市场容量大小和产品生命周期不尽相同，对市场结构演进的影响也不同。因此，与市场集中度相比，品牌集中度更现实地刻画了市场的竞争状态和竞争方式。对于测定市场结构类型，预测其发展趋势更为细致也更为实用。

下面，我们以中国电冰箱行业2006年至2009年的市场数据为例，分别计算CR_m和CR_m^b，通过进行分析对比来进一步了解品牌集中度在测量市场结构上的优越性。先通过建立一个简单的离散指数λ来进一步讨论品牌集中度CR_m^b和市场集中度CR_m之间的区别。定义其计算公式如下：

第4章 品牌集中度的度量研究

$$\lambda = |CR_m - CR_m^b| / [(CR_m + CR_m^b)/2] \qquad (12)$$

电冰箱品型分为两门冰箱、三门冰箱、对开门冰箱、多门冰箱和单门冰箱。其中，新兴的多门冰箱占整体电冰箱市场的份额不足0.8%，濒于淘汰的单门冰箱份额不足4%，且在逐年下降，故略去，主要考虑前3种品型的占比。通过对比计算结果，我们发现：第一，与2006年相比，市场集中度 CR_m 的聚集程度较为明显，为5个百分点，而品牌集中度 CR_m^b 的聚集程度不明显，不到2个百分点；第二，CR_m^b 在数值上略高于 CR_m，但其离散程度逐年降低，两者有趋近之势，如表4-1所示。

表4-1　中国电冰箱行业品牌集中度与市场集中度对照表

	2006年	2007年	2008年	2009年
CR_m	50.4%	53.4%	55.8%	55.4%
CR_m^b	57.6%	59.4%	60.2%	59.2%
λ	0.132	0.107	0.076	0.067

资料来源：CMM，经作者整理。

若以传统的市场集中度 CR_m 分析，我们可能会得出近年来我国电冰箱厂商市场势力不断增强，行业垄断程度有所提高的结论，但从品牌集中度 CR_m^b 角度看，我们就会发现，品牌之间的竞争依然激烈，市场结构未有明显紧凑特征，且离散指数 λ 逐年变小。这说明，更多的品牌进入到了更多的品型市场，譬如新兴的三门冰箱、对开门冰箱市场。通过分析进入市场前4名的品牌在三门冰箱与对开门冰箱市场的进入退出、市场份额占比情况，我们可以看出这一点，如表4-2所示。另外，一些品牌通过积极地产品创新，更多的品型市场正在被开拓出来，如多门冰箱市场。

通过对品牌集中度与市场集中度的比较分析，我们可以更为清晰地刻画电冰箱行业的竞争状况与发展态势：第一，销售量市场份额大于销售额市场份额，即数量集中大于价值集中，反映了"价格战"的

表 4-2　　　　电冰箱新兴品型市场的品牌进入情况　　　　单位：个

品型市场	进入情况	2006 年	2007 年	2008 年	2009 年
三门冰箱	未进入或退出品牌	0	0	0	0
	市场份额<1%品牌	1	0	0	0
对开门冰箱	未进入或退出品牌	1	0	0	1
	市场份额<1%品牌	2	3	3	1

资料来源：CMM，经作者整理。

影响；第二，离散指数 λ 的变小，揭示出电冰箱行业技术创新与快速模仿跟进（或同质化）的特点，表明各主要品牌在品型市场的竞争更为激烈。一些品牌（主要是外资品牌）通过产品创新，开发出新的品型市场，形成品牌的竞争优势，如西门子于 2002 年引领的三门冰箱市场，松下于 2007 年开拓的多门冰箱市场。一些品牌（主要是国产品牌）通过技术模仿迅速予以跟进。

从上述对比分析，我们就可以看出，相对于市场集中度，品牌集中度所刻画和揭示的市场竞争信息更为真实细致，因而解释力也更强。

4.1.4　品牌集中度测量市场结构的适用条件

由于品牌集中度同时考虑了品牌和产品品型因素，因而，使用这一指标进行市场结构测量的市场，也必须具备这两个因素，且这两个因素起到重要作用。

第一，市场中在位品牌数量不等同于厂商数量。这表明，同一厂商存在多品牌现象，驱动消费者选择行为的对象和载体是品牌而非企业本身。在日化、家电、汽车、食品等存在多品牌现象的消费品行业中，较之市场集中度，用品牌集中度度量和刻画市场结构将更为真实、客观。

第二，同一产品存在不同的子品类。这里所谓的子品类，即品型，并非不同品牌之间的产品差异化，而是指产品在满足相同或相似功能基础上的结构性差别或分类,如体积或容量的大小、性能差别、材质属性或包装方式不同而划分的产品类型。如冰箱中的两门冰箱、三门冰箱和对开门冰箱;洗衣机中的波轮式洗衣机、滚筒式洗衣机;汽车中的越野车、跑车等。由于不同产品品型市场的竞争方式和竞争状况存在差别,市场集中度整体测量市场份额的方式失之笼统。而用品牌集中度测度市场结构,则对不同品型市场的差异性予以考虑,因而更为深入、细致。

在现实的市场中,多品牌现象普遍存在,且由于厂商采取的品牌策略不同,往往出现品牌覆盖不同品型市场的情况,与市场集中度相比,品牌集中度的测量方式可以揭示更为复杂的市场结构特征。

4.2　品牌集中度演进分析

传统产业组织理论中的 SCP 分析范式认为,市场集中度、厂商规模、产品差异化等是市场结构决定的最重要的因素。但是,由于市场集中度只是一种静态描述,忽略了以品牌为载体的消费者选择行为,也未考虑到产品品型的分化、演进,因而无法揭示市场结构的形成和演进。[①] 本书运用品牌集中度的建模思想和构造特点,来进一步分析品牌集中度的演进问题。由于整个市场的总销售量在一定时期内是相对稳定的,因此各品牌的市场份额就取决于各自的需求函数。因此,对品牌集中度演进的分析就转向了对各品牌需求函数的分析。

我们先考虑 CR_2^b,即市场排名前两位品牌的市场份额及其对品牌集中度的影响。假设前两位的品牌为品牌 1 和品牌 2。可分为两种情况:品牌覆盖所有品型市场和覆盖部分市场。我们分别进行探讨。

---

① 赵坚:《我国自主研发的比较优势与产业政策》,载于《中国工业经济》2008 年第 8 期,第 80 页。

4.2.1 品牌1、品牌2的产品覆盖产品市场上所有品型

在此条件下，则有：

品牌1的品牌需求函数为 $q_1 = \alpha_1 f(p_1, C_{C_1}) = \alpha_1 f[p_1, C_{C1}(b_1)]$
(13)

品牌2的品牌需求函数为 $q_2 = \alpha_2 f(p_2, C_{C_2}) = \alpha_2 f[p_2, C_{C2}(b_2)]$
(14)

根据品牌经济学一般原理，我们已知品牌市场份额由价格 p 和品牌信用度 b 两个因素决定。由于品牌集中度以销售额份额作为度量数据，因此，我们暂不考虑价格 p 对市场份额的影响，而仅考虑品牌信用度 b 对于市场份额的影响。

由于品牌信用度 b 是选择成本 C_C 的减函数，而 C_C 又是 q 的减函数。因此有：

$$\frac{\partial q_i}{\partial b_i} = \frac{\partial f}{\partial C_{C_i}} \cdot \frac{dC_{C_i}}{db_i} > 0, \frac{\partial^2 q_i}{\partial b_i^2} < 0 \quad (15)$$

且，$b_i \in [0, 1]$。

品牌1与品牌2采取的品牌策略有两种可能：①采取相同的品牌策略，或品牌跟随策略；②采取不同的品牌策略，或品牌对立策略。

4.2.1.1 品牌跟随策略下的品牌集中度演变

第①种可能，即两个品牌面向同一类的目标消费群进行品牌诉求，换言之，该品类的总需求数量不变。当品牌1的品牌信用度不断提高时，即当 $b_1 \to 1$ 时，q_1 增大；当品牌1的品牌信用度不断降低时，即当 $b_1 \to 0$ 时，q_1 减少。同理，品牌2的品牌信用度和市场份额之间也存在相同的关系。因此，在品牌1、品牌2采取跟随策略条件下，CR_2^b 的变动有如下可能：

第4章 品牌集中度的度量研究

表4-3　　　　　　品牌信用度与品牌集中度演变关系

	品牌信用度 b	需求量 q	品牌集中度 CR_2
I	$b_1 \to 1$；$b_2 \to 1$	q_1 增大；q_2 增大	趋于集中
II	$b_1 \to 1$；$b_2 \to 0$	q_1 增大；q_2 减少	不确定，当 $\Delta q_1 > \Delta q_2$ 时，趋于集中；当 $\Delta q_1 < \Delta q_2$ 时，趋于分散
III	$b_1 \to 0$；$b_2 \to 1$	q_1 减少；q_2 增大	不确定，当 $-\Delta q_1 > \Delta q_2$ 时，趋于集中；当 $-\Delta q_1 < \Delta q_2$ 时，趋于分散
IV	$b_1 \to 0$；$b_2 \to 0$	q_1 减少；q_2 减少	趋于分散

资料来源：作者整理。

4.2.1.2 品牌对立策略下的品牌集中度演变

第②种可能，即两个品牌面向不同类型的目标消费群进行品牌诉求，换言之，对该品类的总需求数量存在变化。因此，我们在考虑品牌信用度 b 的变化带来的销售量 q 的变化之外，还需要考虑品类需求强度 α 变化的影响。由于 α 的同方变动对品牌集中度 CR_2^b 的影响相同，故不考虑这一情况，仅考虑 α 反向变动的影响。此外，当一个品牌的销售量 q 和品类需求强度 α 同时变大，即品牌信用度高且该品牌目标消费群也在不断增长时，我们认为该品牌的品牌策略是成功的。反之，当一个品牌的销售量 q 和品类需求强度 α 同时变小，即品牌信用度低且该品牌目标消费群也在不断萎缩时，我们认为该品牌的品牌策略是失败的。若两个品牌正好处于这种市场竞争态势时，则认为品牌集中度在竞争的作用下将趋于集中。

因此，在品牌1、品牌2采取对立策略条件下，CR_2^b 的变动有如下可能：

表4-4　　　品牌信用度、品牌需求强度与品牌集中度演变关系

	品牌信用度 b	需求量 q	品类需求强度 α	品牌集中度 CR_2
I	$b_1 \to 1$；$b_2 \to 1$	q_1 增大；q_2 增大	α_1 增大；α_2 减少	当 $\Delta \alpha_1 > \Delta \alpha_2$ 时，趋于集中；反之，趋于分散
			α_1 减少；α_2 增大	当 $-\Delta \alpha_1 > \Delta \alpha_2$ 时，趋于分散；反之，趋于集中

续表

品牌信用度 b	需求量 q	品类需求强度 α	品牌集中度 CR_2
II $b_1 \to 1$; $b_2 \to 0$	q_1 增大; q_2 减少	α_1 增大; α_2 减少	趋于集中
		α_1 减少; α_2 增大	当 $-\Delta\alpha_1 > \Delta\alpha_2$ 时, 趋于分散; 反之, 趋于集中
III $b_1 \to 0$; $b_2 \to 1$	q_1 减少; q_2 增大	α_1 增大; α_2 减少	当 $\Delta\alpha_1 > \Delta\alpha_2$ 时, 趋于集中; 反之, 趋于分散
		α_1 减少; α_2 增大	趋于分散, 并随着两者市场地位的易位, 再次趋于集中, 并趋于类型 II 中的第一种情况
IV $b_1 \to 0$; $b_2 \to 0$	q_1 减少; q_2 减少	α_1 增大; α_2 减少	当 $\Delta\alpha_1 > \Delta\alpha_2$ 时, 趋于集中; 反之, 趋于分散
		α_1 减少; α_2 增大	趋于集中

资料来源：作者整理。

4.2.2 品牌1、品牌2的产品仅覆盖产品市场上部分品型

在此条件下，则有：

品牌 1 的品牌需求函数为 $q_1 = \alpha_1\beta_1 f(p_1, C_C) = \alpha_1\beta_1 f[p_1, C_{C1}(b_1)]$ (16)

品牌 2 的品牌需求函数为 $q_2 = \alpha_2\beta_2 f(p_2, C_C) = \alpha_2\beta_2 f[p_2, C_{C2}(b_2)]$ (17)

考虑品型因素后，不同影响因素之间的可能性增多，品牌集中度的演进问题将变得更为复杂。为简化分析，我们将两个品牌覆盖部分品型分为品型存在交叉和品型无交叉两种情况，且假设品型存在交叉情况下的品牌集中度演变的可能性类似或等同于品牌提供所有品型产品的情况，即第 1 种情况。

当品牌1、品牌2均仅覆盖部分品型的产品，且品型无交叉时，我们就需要考虑品型 β_1 和品型 β_2 变化的可能：①$\beta_1 > \beta_2$；②$\beta_1 < \beta_2$；③$\beta_1 = \beta_2$。由于 $\beta_1 = \beta_2$ 时，对品牌集中度的度量无影响，故仅需要分析第①和第②两种情况。分析方法仍然是比较不同影响因素（q、α、β）之间的变动趋势及其大小。

4.3 现实解释1：中国电冰箱行业集中度演变

本书通过品牌需求函数构造了一个简单的品牌集中度模型，该模型涉及为品牌信用度 b、品类需求强度 α 和品型系数 β 三个变量。实际上这3个变量抽象出了品牌竞争与发展的核心因素。品牌信用度 b 代表了一个品牌所诉求的单一利益点，如沃尔沃意味着安全；海尔代表着良好的售后服务；海飞丝是去屑的代名词。品类需求强度 α 代表了一个品牌所诉求的单一利益点的市场容量或市场空间，如化妆品市场，若某品牌诉求"保湿"，则消费人群中油性皮肤、中性皮肤或干性皮肤的占比将限制品牌进行"保湿"诉求的市场增长空间。品型系数 β 代表了产品市场的丰富程度和发展趋势。如家用轿车，分为普通乘用车、活顶乘用车、高级乘用车、小型乘用车、敞篷车、仓背乘用车、旅行车、多用途乘用车、短头乘用车、越野乘用车、专用乘用车等11类；冰箱分为单门冰箱、两门冰箱、三门冰箱、多门冰箱和对开门冰箱等。由于消费偏好的变化，这些品型所占的市场比重也会相应变化。对个别品牌而言，该模型揭示出了品牌成长的一般路径。而对整个市场而言，该模型则可以解释品牌之间市场份额的此消彼长及其对品牌集中度的影响。

仍以中国电冰箱市场为例，从20世纪90年代初期开始，中国电冰箱行业的市场集中过程开始加速进行。这种上升势头一直持续到90年代末，至1999年时，CR_4 达到77.3%，CR_8 达到96.2%。按照美国经济学家贝恩的市场结构划分理论，当时中国电冰箱行业已经处于高度集中寡占型（寡占Ⅱ型）市场。但在此后的十多年中，市场集中度急剧下降。2006年 CR_4 下降至最低点，为50.43%，市场结构已经松散为中上集中寡占型（寡占Ⅲ型），如图4-1所示。

从家用电冰箱产品的品型变化看，单门冰箱、两门冰箱、三门冰箱、对开门冰箱和多门冰箱的市场份额近6年来的变化趋势为：曾经占据绝对主流的两门冰箱从92.3%下降至78.7%，而三门冰箱已上

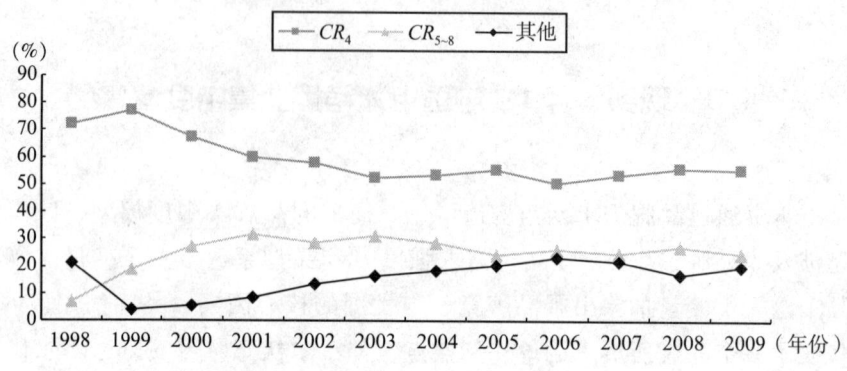

图 4 - 1　1998~2009 年中国电冰箱市场集中度

资料来源：CMM，经作者整理。

升至 13.1%。对开门冰箱作为新的增长亮点从 2004 年前的 0.8% 上升到 3.5%，如图 4 - 2 所示。

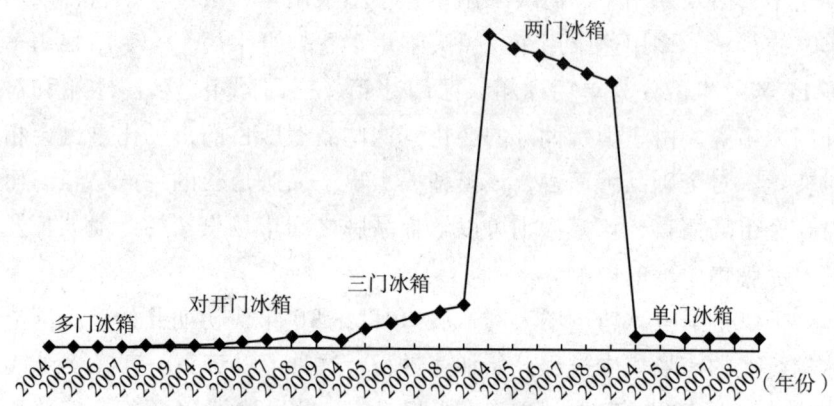

图 4 - 2　2004~2009 年各品型冰箱市场份额变化趋势

资料来源：CMM，经作者整理。

从主要品牌的市场份额变动情况看，市场结构松散过程中的一个主要表现就是第一品牌海尔市场份额的大幅下降和第二品牌西门子市场份额的上升，如图 4 - 3 所示。

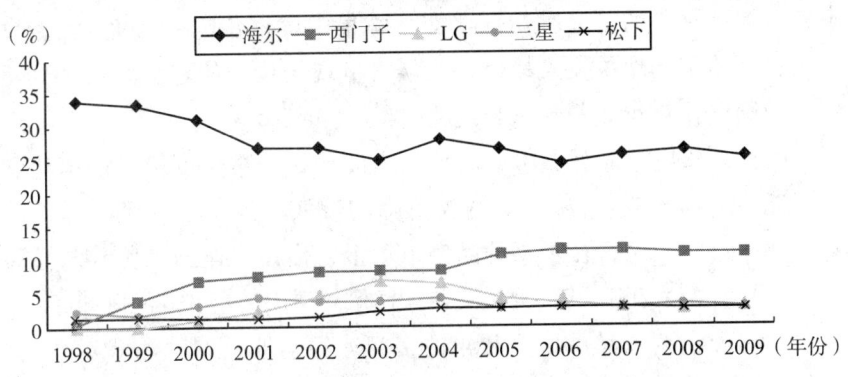

图 4-3 1998~2009 年主要电冰箱品牌市场份额变化趋势

资料来源：CMM，经作者整理。

由此，我们具体分析海尔（Haier）和西门子（Siemens）各自品牌需求函数的相关解释变量，从中探究品牌集中度演变的规律。

从品牌信用度的变化看，海尔作为国产品牌中的佼佼者，整体市场排名第1，并长期诉求海尔品牌"真诚到永远"的服务理念。因此，我们可以认为它是个服务品牌，其品牌信用度 b_H = 服务 = 1；西门子从1996年进入中国市场一直以德国品质和科技领先于市场，经过10多年的发展，成为第一外资品牌，整体市场排名第2。因此，我们可以认为它是个品质品牌，其品牌信用度 b_S = 品质 = 1。两者的品牌信用度都很高。

但是，从品牌需求强度 α 看，由于中国冰箱制造业产品质量的整体提升和消费者家居生活水平的不断提高，消费者选购冰箱时，对于"售后服务"的关注度已经逐渐下降，而对于产品的"品质"要求却在不断提高。因此 α_H 趋于下降，而 α_S 则在上升。

此外，从品型系数 β 看，两门冰箱作为成熟产品，正逐步进入衰退期，三门冰箱、对开门冰箱则是在逐年上升的新兴产品。根据中怡康（CMM）数据，截至 2009 年 12 月，海尔的两门冰箱占比84.75%，西门子的两门冰箱为62.15%。这就意味着 β_H 趋于下降，而 β_S 则在上升。

综上所述，$b_H = b_S = 1$，α_H、β_H 均在下降，α_S、β_S 均在上升，基

本符合类型Ⅲ中的第二种情况,即品牌集中度逐步松散,直到品牌1和品牌2的市场地位发生易位,才再次呈现出集中的趋势。这一判断符合中国电冰箱行业的现状与趋势。

而且,家电业品牌竞争的新动向印证了品牌集中度模型的描述和解释能力。为了应对 α_H、β_H 均在下降的现实,海尔改变了其长期坚持的单一品牌策略,在新兴的品型市场上,启用了全新品牌参与高端市场的争夺。2007年,海尔推出了其高端家电品牌卡萨蒂(Casarte),主要产品品型为新兴的多门冰箱,即所谓"法式对开门"冰箱。随着收入的增加,需求发生了分化,消费者分为两大类,一类是高端用户,另一类是大众用户,而且高端用户在整个市场中的比重越来越大。海尔使用全新的品牌,避免了将"海尔"进行品牌延伸带来的品牌信用度进一步下降。目前,在多门冰箱市场上,Casarte品牌的市场份额已经接近50%。这表明,进入新的品型市场,并提高其品牌信用度,对于品牌扩大市场份额具有重要意义。

4.4 现实解释2:搜索引擎市场的"百度"、"谷歌"之争

随着网络科技和搜索技术的日新月异,搜索引擎已经成为影响人们生活的重要网络应用工具,并呈快速发展趋势。由于目前绝大多数搜索引擎品牌提供的搜索服务都是免费的,即品牌需求函数 $q_{ij}=\alpha_i\beta_j f(p_{ij}, C_C)=\alpha_i\beta_j f[p_{ij}, C_C(b_i)]$ 中的 p_{ij} 为零,因此,搜索引擎市场是一个考察品牌本身在消费者选择中发挥作用的最佳样本市场。

据中国互联网络信息中心发表的报告,在全球范围内,截至2009年7月,谷歌(Google)搜索以767亿次居所有搜索引擎的首位(市场份额67.5%),雅虎网站的搜索次数为89亿次(市场份额7.8%),百度位居第三,其搜索次数为80亿次(市场份额7.0%)[①]。在发展

---

① 中国互联网络信息中心,2009年中国搜索引擎用户行为研究报告,http://www.cnnic.net.cn/hlwfzyj/hlwxzbg/ssbg/201206/t20120612_27459.htm,第16页。

快速、市场潜力巨大的中国互联网产业链上,搜索引擎发展的潜力和能量正在逐步释放。但是,中国搜索引擎市场各品牌市场份额的占比结构却与全球市场的市场结构特征迥然相异,如表4-5所示。

表4-5 中国搜索引擎市场各品牌市场份额 单位:%

	百度	谷歌	搜搜	搜狗	雅虎
2007年首选品牌	74.50	14.30	0.70	2.80	2.10
2009年首选品牌	77.40	13	2.60	1.70	1.40
2009年品牌渗透率	92.90	32.70	13.00	26.90	22.00
高端用户首选	69.80	22.00			

资料来源:中国互联网络信息中心,经作者整理。

刘华军(2008)在品牌需求函数中引入品类需求强度系数,认为百度是以"中文搜索"为品类或单一利益点的搜索引擎,而谷歌则是以"英文搜索"为品类或单一利益点的搜索引擎。在中国市场,绝大多数目标顾客都是以中文为母语,因此百度的目标顾客数量远远大于谷歌的目标顾客。[①]

如果我们再进一步讨论中国搜索引擎品型市场发生的变化,就会对"百度"、"谷歌"市场份额之争的分析和理解更为深入。

目前,中国网民整体的网络应用呈现出以娱乐为主的特征,顾客在使用搜索引擎的内容以娱乐休闲为主。而在以休闲娱乐为目的的搜索中,以音乐搜索为内容的使用频率最大,高达39.5%;而影视、视频、游戏搜索的使用需求也呈现较快增长速度,这说明了中国网民消费影视、视频媒体的习惯在最近几年已经发生了巨大的改变,音频、视频、图像搜索等成为未来搜索技术发展的主流,如图4-4所示。[②]

[①] 刘华军、孙曰瑶:《厂商市场份额的品牌经济模型及其现实解释》,载于《中国工业经济》2008年第1期。

[②] 中国互联网络信息中心,2009年中国搜索引擎用户行为研究报告,http://www.cnnic.net.cn/hlwfzyj/hlwxzbg/ssbg/201206/t20120612_27459.htm,第39页。

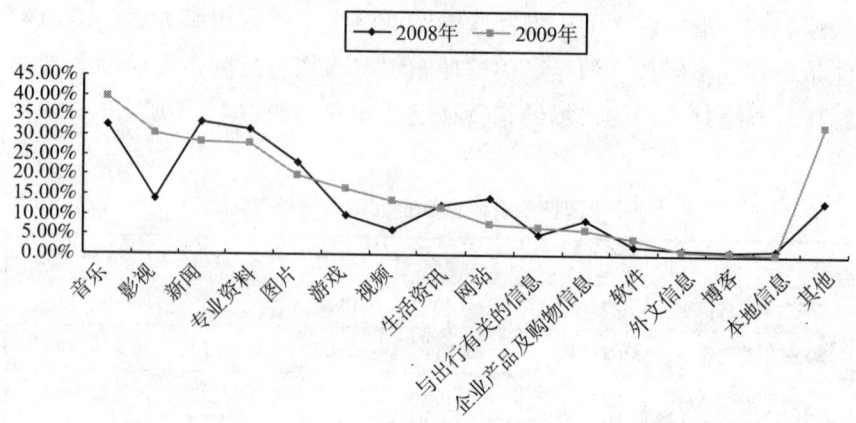

图 4-4 用户使用搜索引擎搜索的内容

资料来源：中国互联网络信息中心，经作者整理。

我们再从不同搜索首选用户的搜索需求分布来看，在音乐搜索中，百度的首选用户对应于该搜索需求的占比为 40.5%，影视搜索的占比也高达 31%，远远高于其他品牌；谷歌在专业资料搜索上的占比高达 30.2%，如表 4-6 所示。

表 4-6　　　　不同搜索首选用户的搜索需求分布　　　　单位：%

	百度（Baidu）	谷歌（Google）	其他
音乐	40.5	32.7	38.9
影视	31.0	25.3	29.6
专业资料	28.5	30.2	19.9
新闻	27.4	29.1	32.4
图片	19.4	18.3	24.1
游戏	18.0	8.7	12.2
视频	13.7	11.9	16.1
其他生活信息	11.7	12.5	9.8
网站	7.9	5.5	8.5
与出行有关的信息	6.6	11.2	3.6

续表

	百度（Baidu）	谷歌（Google）	其他
企业、产品及购物信息	6.3	7.4	3.7
软件	3.8	4.2	3.7
外文信息	1.2	3.9	0.4
博客	0.8	0.7	0.3
本地信息	0.5	0.4	0.5
其他	32.7	33.3	29.5
合计	250.0	235.3	233.2

资料来源：中国互联网络信息中心：《2009年中国搜索引擎用户行为研究报告》。

从上述分析可知，百度市场份额的扩大和品牌渗透率的上升，不仅仅与目标消费者群体的数量相关，同时也与音乐、影视搜索（品型）市场的增长这一搜索需求的变化相关。

根据品牌经济学原理的单一利益法则，如果百度在品牌诉求上进一步强化"娱乐搜索"，其市场份额将会有更大的提升。相应地，谷歌作为专业资料搜索的服务提供品牌具有较大的优势，若谷歌能够强化其"专业资料搜索"的服务功能和品牌形象，则其市场份额在该品型市场上也将有相应增长。

4.5 本章小结

本书引入品牌品类、产品品型等在现实市场中较为普遍的市场份额影响因素，改进了品牌需求函数，并在此基础上，推导出了一个全新的市场结构度量方式品牌集中度测量模型。通过比较分析品类需求强度系数、品型需求系数、品牌信用度等核心变量对品牌市场份额变动的影响，对品牌集中度的决定与演进作了深入探讨。对中国电冰箱行业的市场数据的实证分析，说明这一模型具有较好的解释性。

以基于消费者选择角度的品牌来解释市场结构的决定，与现实中的市场情形更为接近，因而能够更为真实、深入和细致地刻画较为复杂的市场结构特征，较之传统的市场集中度，具有更强的解释性和预测性。在存在多种品牌品类和产品品型的条件下，品类需求强度系数、品型需求系数、价格和品牌信用度等四者共同决定了厂商的市场份额。通过分析发现，厂商的市场份额与品类需求强度系数同方向变动，与品型需求系数同方向变动，与价格反方向变动，与品牌信用度同方向变动，且品牌信用度愈大，品牌集中度愈高。在实践意义上，本书从需求角度解决了品牌市场份额的决定问题，为厂商运用正确的品牌策略，健全完善品牌组合以获取更大的市场份额提供了分析工具。

第 5 章

品牌需求价格弹性与市场份额关系研究

5.1 问题的提出

在产业组织的市场结构分析中，厂商市场份额是衡量市场集中度的重要指标，同时也是衡量厂商市场势力的重要标志。从勒纳指数（Lerner index）的基本形式看，市场势力反映了厂商价格加成的水平，也表现为价格行为的灵活性。因此，反映价格弹敏感度的需求弹性与市场份额之间关系的研究就成为了"结构—绩效"关系研究中的一个重要内容。

盖尔（Gale，1972）证明企业市场份额的提高，会增加产品差异优势、规模经济，还会增强有利于企业的垄断性砍价力量，从而提高企业的赢利能力。[①] 尼达姆通过研究直接给出了厂商市场份额与利润率之间的关系式：$r_i = \dfrac{S_i}{(E_d + E_s)S_j}$，其中，$r_i$、$S_i$、$S_j$、$E_d$、$E_s$ 分别表示某厂商的利润率、该厂商的市场份额、其竞争对手的市场份额、产品的价格需求弹性、竞争对手在价格上的反应。该公式的含义就是厂

---

① Gale, B. T., Market Share and Rate of Return, Review Economics Statist, 54, 1972, 412－423.

商的利润率与厂商自身的市场份额成正比，与价格弹性和竞争者的市场份额成反比。[1]

尽管，产业经济学的市场结构理论集中讨论了市场集中、市场势力和经济利润之间的关系等一系列问题，但在以测度市场份额与价格弹性之间相关关系的实证研究中，基于不同行业数据，其经验性研究结果却不尽相同。

古什、纳斯林和夏莫克（Ghosh，Neslin & Shoemaker，1983）[2]在研究市场份额和谷物品牌需求价格弹性的关系时发现，市场份额的对数与短期需求价格弹性显著相关（$p<0.05$），品牌市场份额越高，其需求价格弹性便越低。博尔顿（Bolton，1989）用四个行业12个商店的数据对市场特性与促销价格弹性的关系进行了研究。她发现，市场份额较小的品牌更富有价格弹性，占据较高市场份额的品牌则缺乏价格弹性。汉密尔顿、伊斯特和卡拉法蒂斯（Hamilton，East & Kalafatis，1997）[3]研究了100个品类共500个品牌的产品，发现品牌领导者（以市场份额来计）比其他品牌对于价格变化较为不敏感。Mulhern等（1998）[4]的研究发现，具有更高（更低）市场份额的品牌有更低（更高）的价格敏感性水平。丹纳赫和布罗迪（Danaher & Brodie，2000）[5]对IRI和AC尼尔森提供的美国和新西兰超级市场26类110个品牌的每周扫描数据进行了分析，发现品牌市场份额对价格弹性有着较大的显著的负向影响，即品牌市场份额越大，其价格弹性越小。

---

[1] 转引自杜传忠：《寡头垄断市场结构与经济效率》，经济科学出版社2003年版，第63页。

[2] Ghosh A. S., A. Neslin, R. W. Shoemaker, Are there associations between price elasticity and brand characteristics, Murphy P. E., E. R. Laczniak, AMA educators' conference proceedings, Chicago: American Marketing Association, 1983: 226–230.

[3] Hamilton W., R. East, S. Kalafatis, The Measurement and Utility of Brand Price Elasticity, Journal of Marketing Management, 1997, 13: 285–298.

[4] Mulhern F. J., J. D. Williams, R. P. Leone, Variability of Brand Price Elasticity Across Retail Stores: Ethnic, Income, and Brand Determinants, Journal of Retailing, 1998, 74 (3): 427–446.

[5] Danaher P. J., R. J. Brodie, Understanding the Characteristics of Price Elasticity for Frequently Purchased Packaged Goods, Journal of Marketing Management, 2000, 16: 917–936.

第5章 品牌需求价格弹性与市场份额关系研究

但近年来,国内学者对中国市场的实证研究却得出了相反的结论。赵平、胡松、裘晓东(2005)[①]和高昉、余明阳(2008)[②]分别对中国彩电行业和手机行业的品牌需求弹性和市场份额之间的关系进行了研究。他们得出了类似的结论:品牌价格弹性为负时,市场份额越高,其价格弹性越大。这与西方国家学者得出的品牌市场份额越大价格弹性越小的实证结果不同。他们给出的解释是,处于转型期的中国消费者既重视价格,又重视品牌。他们进一步认为,这是中国市场经济转型时期的特殊现象。他们预测,中国的市场最终会向西方成熟市场结构特征靠拢,市场份额越大,弹性越小。

在管理学领域的许多研究中,市场份额与品牌资产被紧密联系起来(艾克,1996;贝罗和霍尔布鲁克,1995;霍尔布鲁克,1992;派克和斯里尼瓦桑,1994;Winters,1991)。罗伯特·巴泽尔(Robert D. A. Buzzell)和布兰得利·盖尔(Bradley T. Gale)指出,强势品牌意味着更高的市场份额,这也是品牌存在的目的。[③]科勒(Keller,2001)认为,品牌的价格需求弹性,衡量的是消费者对品牌的价格敏感性。不同的品牌具有不同的价格弹性,价格弹性反映了品牌资产,是在产品市场上衡量品牌资产的重要指标之一。[④]尽管意识到了品牌因素的影响,但由于管理学主要从视觉设计、广告宣传甚至价值观等角度理解品牌,因而并没有能够进一步指出品牌是如何影响价格需求弹性的。

价格弹性不只受到自身价格变动的影响,还受到与其他品牌相比的品牌资产、品牌形象的强烈影响。但由于他们主要从视觉设计、广告宣传甚至价值观等角度理解品牌,因而并没有能够进一步指出品牌是如何影响价格需求弹性的。

[①] 赵平、胡松、裘晓东:《品牌需求价格弹性与市场份额的关系——对国内彩电行业的实证研究》,载于《南开管理评论》2006年第3期,第4~9页。

[②] 高昉、余明阳:《品牌需求价格弹性与市场份额的关系——国内手机行业实证研究》,载于《财经研究》2008年第9期,第28~37页。

[③] Robert D. A. Buzzell and Bradley T. Gale, The PIMS Principles: Linking Strategy to Performance, Free Press, 1987.

[④] Keller K L. Strategic Brand Management, New Jersey: Prentice Hall, 2003.

本书认为，面对过剩的商品和信息，理性消费者的选择机制有两个：价格机制和品牌机制。价格之外，消费者还必须为在众多商品中做出选择而付出精力和时间等，这是货币成本之外的额外支付，即选择成本。尽管商品实际成交的"代价"表现为货币价格，但这一价格中事实上已经包含了消费者在权衡各种成本后的最优化决策。在商品所提供的效用与货币成本一定的条件下，由于选择成本的存在，消费者倾向于通过品牌选择商品，以降低选择成本。因而，研究品牌需求价格弹性，研究需求价格弹性与市场份额之间关系的核心，就转变成为了研究基于品牌选择的消费者行为对于厂商（品牌）市场份额变动的影响及作用方式。

在这一章中，我们通过引入由基于选择成本概念的品牌需求函数（孙曰瑶，2005，2006，2007），构建了一个品牌条件下的消费者均衡定价模型，运用选择成本来解释品牌价格与市场份额之间的影响机制。并通过对不同品型市场上不同品牌的需求价格弹性，以及其与市场份额关系的深入研究，进一步解释消费者如何通过其选择行为影响品牌的市场份额。

5.2 品牌需求函数与消费者品牌定价模型

5.2.1 引入选择成本或品牌后的需求函数

孙曰瑶（2006）提出了品牌经济学的核心范畴，即"选择成本"（Choice Cost）。所谓选择成本，是指通过交易费用，目标顾客获取一组品牌信息之后，从中选择一个品牌所花费的成本。品牌经济学认为，品牌是与目标顾客达成长期利益均衡，从而降低其选择成本的排他性品类符号。更好地理解这一定义可以通过把不同的品牌看作其能代表的单一利益点（Single Benefit Point），即品类（Category）的集合，那么每个品牌所包含的品类数是不一样的，比较这些品类是否能够满足自己的利益点就需要花费时间、精力等，这些就是选择成本。

为了说明引入品牌后对需求曲线的影响，孙曰瑶、刘华军（2007）在只有需求数量和商品价格的需求函数中引入品牌，即选择成本，构造如下需求函数：

$$Q = f[P, C_c]$$

其中，Q 表示需求数量；P 表示商品的价格；C_c 表示选择成本；f 表示需求数量 Q 与商品销售价格 P 和选择该品牌商品所花费的选择成本 C_c 之间的函数关系。

该函数满足以下条件：

$$\frac{\partial Q}{\partial P} < 0, \text{且} \frac{\partial^2 Q}{\partial P^2} < 0 \tag{1}$$

$$\frac{\partial Q}{\partial C_c} < 0, \text{且} \frac{\partial^2 Q}{\partial C_c^2} < 0 \tag{2}$$

商品的销售价格和选择成本都是消费者在选择和购买过程的代价。由于人的"趋利避害"的本性，任何代价的上升都会使得需求数量减少。因此（1）式说明在选择成本及其他条件不变的情况下，某个品牌的商品销售价格上升，则其需求数量减少，反之则增加。（2）式说明在某品牌商品的销售价格及其他条件不变的情况下，消费者选择该品牌商品的选择成本越大，则其需求数量越少，反之则越多。

5.2.2 选择成本或品牌条件下的消费者品牌定价模型

由于消费者是以待购商品的选择成本决定的，为简便起见，假定仅有两种商品，其中一种为选择成本为零的产品①，简称为商品1；另一种产品的选择成本为 C_c，简称为商品2。当选择成本为0时，产品的价格为 p，当选择成本为 C_c 时，价格为 p_0。假设，由于完全的生产者信息，厂商实现了完全的差别定价，则消费者的品牌定价模型为：

---

① 根据品牌经济学定义，选择成本为零的商品为品牌商品。

$$p = p_0 + C_c \tag{3}$$

即对于消费者而言，按照模式（3）定价，差异产品的消费是没有差异的，因此，可称之为消费者差别定价条件下的消费无差异曲线，但是，如果是 $p > p_0 + C_c$ 或者 $p < p_0 + C_c$，则会出现品牌产品的焦点消费现象。

从现实经济的角度，并不存在角点解。因为这将导致一种商品从市场上完全淡出。假定 Q_1^d 和 Q_2^d 分别表示差别产品的需求，对于给定的价格 p 和 p_0，按照上述分析，Q_1^d 和 Q_2^d 满足：

$$Q_1^d = Q_1^d(C_c > p - p_0) \text{ 和 } Q_2^d = Q_2^d(C_c < p - p_0) \tag{4}$$

由于 p 和 p_0 是任意的，（4）式所反映的本质上是需求同 $p - p_0$ 之间的一一对应关系，这种对应关系构成了消费者的需求函数。

$$Q_1^d = Q_1^d(p - p_0, C_c) \text{ 或者 } Q_2^d = Q_2^d(p - p_0, C_c) \tag{5}$$

进一步地，我们可推导出局部均衡价格决定模型。假定 $Q_1^s(p_0)$ 和 $Q_2^s(p)$ 分别表示商品 1 和商品 2 的供给，根据市场供求法则，均衡价格的决定模型为：

$$\begin{aligned} Q_1^s(p_0) &= Q_1^d(p - p_0, C_c) \\ Q_2^s(p) &= Q_2^d(p - p_0, C_c) \end{aligned} \tag{6}$$

本质上，模型（6）的数学性质与一般的需求函数都遵循同样的需求律。由数学上的不动点定理可以证明模型（6）导向稳定的均衡解。消费者选择作用也表明：当商品的供给大于需求时，品牌产品，即选择成本 C_c 小甚至趋近于 0 时，其需求上升。除此之外，品牌产品的价格下跌时，将使消费者选择成本的临界点降低，替代机制也进一步强化了对品牌产品的需求；反之，当品牌产品发生供不应求时，价格上升，供给增加。而且，价格上升有助于抑制品牌产品与非品牌产品之间的替代，从而进一步增加品牌产品的供给。因此，无论是供给大于需求或是需求大于供给，最终都将导向供求均衡和稳定的均衡解。但是，应该注意，若非品牌产品的价格非常低廉，品牌产品将面临被逐出市场的危险。

5.3 研究假设与实证设计

我们选取中国电冰箱行业的市场数据,并通过若干假设来讨论品牌的价格与市场份额的相关关系。

5.3.1 研究假设

本章研究的是品牌因素在消费者品牌定价模型中的存在性及其对市场份额变动的影响。价格与选择成本同为消费者购买过程中的成本,因此消费者选购商品总体上取决于价格因素,但由于品牌因素的作用,即消费者选购商品不仅仅只考虑价格便宜,还要考虑是否节省选择成本,因此,价格因素对于市场份额关系将受到选择成本的影响,由此得出假设1。

假设1:一般而言,市场份额受到价格因素影响,两者关系符合供求律。但在具体到产品品型上,若存在其他因素,如选择成本,则价格与市场份额之间的相关关系将受到其他因素的影响。

在相同价格约束下,消费者倾向于购买选择成本较低的品牌。而在选择成本较低时,价格变动对消费者购买的影响更为明显。同时,在现实经济中,品牌在其目标市场上的市场份额越高,意味着其选择成本越低,由此得到假设2。

假设2:在品牌所覆盖的不同产品品型市场上,品牌价格需求弹性不同;且在目标市场上[1],即相对市场份额较大,环比增幅较大的品型市场上,其价格需求弹性较大。

由于品牌的市场定位和相对市场竞争力各不相同,消费者为了降低选择过程中的成本,不可能在整个商品集中选择中意的品牌,而更

---

[1] 一个品牌可能会生产和销售多种品类的产品,也可能覆盖同一产品的不同产品品型,但消费者对品牌的认知具有选择性。譬如,尽管海尔也有医药、地产等诸多领域的产品,但对于海尔品牌的认知仍然主要的是视其为家电品牌。根据比较优势法则,可以认为,对于消费者而言,在品牌的目标市场上,其选择成本更小。

可能倾向于先将商品集中的品牌进行分类，然后在某一类相同或相近的品牌中选择。因此，同一类品牌价格变动对于消费者的影响更为明显，由此得到假设3。

假设3：消费者在选择价格相近且市场份额相当的品牌时，对价格的敏感度更大，即，"相邻"品牌之间的价格交叉弹性较大；反之，价格相差大或市场份额相差大的品牌，即，"相异"品牌之间的价格交叉弹性较小。

5.3.2 关于实证样本的几点说明

第一，本书所使用的数据来源为北京中怡康市场研究公司（CMM）的中国电冰箱市场月度数据报告。市场零售数据从2006年1月到2009年12月共计48个月。选择的品牌为有代表性的前10个品牌，其中CR_8累计平均市场份额已经达到83.1%，可以代表目前国内电冰箱市场。

第二，在市场供大于求的情况下，销售量实际上是由顾客需求决定的，需求价格弹性实际上衡量的是消费者对某一特定品牌或者一大类商品中效用更相似的一小类商品的价格敏感性。由于选择成本的存在，不同的品牌具有不同的价格弹性，同一品牌的不同品型，即不同产品系列也具有不同的价格弹性。因此，在实证样本的选取上，我们做了进一步的细化，分别测算了总计市场份额高达91.8%的两门冰箱和三门冰箱品型市场。

5.4 实证模型与结果

5.4.1 价格变动与市场份额的相关关系

我们先检验价格对市场份额变动在全部市场上的总体影响。构建模型如下：

$$share_{it} = \alpha_0 + price_{it}\beta_1 + \varepsilon_{it} \tag{7}$$

模型（7）中$share_{it}$为品牌i在时间t的市场份额，$price_{it}$为品牌i在时间t的价格，ε_{it}为残差，一般假定其为正态分布。

第5章 品牌需求价格弹性与市场份额关系研究

表 5-1　　　　市场价格与市场份额的相关关系
被解释变量：市场份额（对数值）

解释变量	系数	T 值	观测值	R^2
Log(price)	-0.456	-7.24		
常数项	0.737	1.38	1373	0.368

资料来源：作者根据 CMM 资料计算整理。

使用 OLS 回归，其结果见表 5-1，由表 5-1 可得市场份额和价格变动之间的如下的线性关系（均取对数）。

$$lshare_{it} = 0.737 - 0.456 lprice_{it} + \varepsilon_{it} \tag{8}$$
$$(1.38)\quad(-7.24)$$

从式（8）可以看出，价格与市场份额二者之间存在显著的负相关的关系，价格的系数的 T 值为 -7.24，表明其通过 1% 的显著性检验，其在 1% 水平上显著。其经济含义是，整体上来讲，电冰箱的价格越高，其相应的市场份额就越低，价格每提高 1 个单位，相应地会导致该品牌的市场份额占有率下降 0.456 个单位，符合马歇尔需求定律。

进一步地，我们按电冰箱的品型进行分类回归。根据中国电冰箱行业的产品现状，我们可以将电冰箱分为以下三种产品品型：对开门冰箱（SBS）、两门冰箱（2-door）和三门冰箱（3-door），并分别设定对开门冰箱 =1；两门冰箱 =2；三门冰箱 =3，模型变为：

$$share_{itj} = \alpha_0 + price_{itj}\beta_1 + \varepsilon_{it} \tag{9}$$

模型（9）中 $share_{itj}$ 为品牌 i 的品型 j 在时间 t 的市场份额，$price_{itj}$ 为品牌 i 的品型 j 在时间 t 的价格，ε_{it} 为残差，一般假定其为正态分布。$J=1,2,3$。

由于各产品品型之间的价格以及市场需求有所差异，因此，我们按照三类品型来分别检验价格变动和市场份额之间的关系。使用 OLS 回归的结果见表 5-2。

表 5–2 分品型市场价格与市场份额的相关关系
被解释变量：市场份额（对数值）

品牌类型	解释变量	系数	T 值	观测值	R^2
对开门冰箱	Log（price）	-2.488	-6.36		
	常数项	19.537	5.4	413	0.897
两门冰箱	Log（price）	-5.184	-22.97		
	常数项	37.378	21.21	480	0.525
三门冰箱	Log（price）	1.411	5.97		
	常数项	-14.631	-7.4	480	0.675

资料来源：作者根据 CMM 资料计算整理。

由表 5–2 可以得到如下方程：
（a）对开门电冰箱（SBS）

$$share_{itj} = 19.537 - 2.488 price_{itj} + \varepsilon_{it} \qquad (10)$$
$$(5.4) \quad (-6.36)$$

由式（10）可知，对开门冰箱的价格变动与市场份额之间的关系仍为显著的负相关，即：对于对开门冰箱来说，价格每提高 1 个单位，会导致市场份额下降 2.488 个单位。

（b）两门冰箱（2–door）

$$share_{itj} = 37.378 - 5.184 price_{itj} + \varepsilon_{it} \qquad (11)$$
$$(21.21)(-22.97)$$

由式（11）可知，两门冰箱的价格变动与市场份额之间的关系仍是显著的负相关，即：对于两门冰箱来说，价格每提高 1 个单位，会导致市场份额下降 5.184 个单位。

综上所述，对开门冰箱和两门冰箱的价格变动与市场份额之间的变动关系符合马歇尔需求规律，即价格下降，市场占用率上升，反之则相反。

（c）三门冰箱（3–door）

$$share_{itj} = -14.631 + 1.411 price_{itj} + \varepsilon_{it} \qquad (12)$$
$$(-7.40) \quad (5.97)$$

由式（12）可知，对于三门电冰箱的价格与市场份额之间关系的回归结果有点出乎意料，二者之间为显著的正相关，并且在1%显著水平上显著。这表明：对于三门冰箱市场而言，价格越高，其市场份额越高。这就是说，三门冰箱市场与其他市场之间存在着明显差异。

5.4.2 品牌价格需求弹性与市场份额的关系

本书旨在计算出多个品牌价格弹性的基础上，探讨市场份额对价格弹性的长期影响，因而适合采用回归估计的方法。本书使用 ln – ln 模型，该模型也称为常数价格弹性模型，是常用的市场反应函数之一，其函数表达式如下：

$$s_i = \alpha(P_i^{\beta_i})e^{\varepsilon} \tag{13}$$

其中：s_i 为品牌 i 的市场份额；P_i 为品牌 i 的以销量加权平均的价格；β_i：品牌 i 需求价格弹性系数；ε：包含模型设定所产生的误差（Specification Error）和随机误差的误差项。

$$\ln s_{it} = \alpha + \beta_i \ln p_{it} + \varepsilon_{it}$$

$$\frac{\partial \ln s}{\partial \ln p} = \frac{\frac{ds}{s}}{\frac{dp}{p}} = \frac{ds}{dp} \cdot \frac{p}{s} = \beta_i$$

按照方程（13）对每个品牌分别进行非线性回归，即可得到每个品牌的价格弹性系数。

同样地，考虑到各产品品型的差异性，本书将分类考察不同品型的需求价格弹性。在目前中国电冰箱市场上，两门冰箱市场份额约为80%，三门冰箱约为15%，构成电冰箱品型市场的主体。这两个品型市场样本占比大，对其数据的分析更具有代表性，因此，本书具体计算了其中10个主流品牌分产品系列（品型）的需求价格弹性、市场份额及其环比增长，见表5 – 3。

表 5-3　　　　　　　电冰箱品牌价格弹性与市场份额

品牌	品型市场	价格弹性	市场份额（％）	市场份额环比增长（％）
行业	两门冰箱	-5.184	78.7	96.9
海尔	两门冰箱	-0.185	24.98	94.9
美菱	两门冰箱	-2.560	10.98	114.2
容声	两门冰箱	0.642	9.33	104.9
新飞	两门冰箱	0.235	10.10	98.6
西门子	两门冰箱	-0.759	9.67	100.6
LG	两门冰箱	-2.283	1.86	124.9
三星	两门冰箱	-0.352	1.60	87.2
博世	两门冰箱	-2.861	1.41	112.2
松下	两门冰箱	-0.743	2.47	94.3
伊莱克斯	两门冰箱	-5.949	0.87	33.9
行业	三门冰箱	-2.029	13.1	119.09
海尔	三门冰箱	0.355	25.27	101.7
美菱	三门冰箱	0.567	6.43	109.6
容声	三门冰箱	-2.360	8.05	209.1
新飞	三门冰箱	-6.726	3.44	132.7
西门子	三门冰箱	-5.582	19.80	79.6
LG	三门冰箱	-0.052	5.13	77.8
三星	三门冰箱	-2.568	4.58	68.2
博世	三门冰箱	-1.278	3.38	101.4
松下	三门冰箱	-1.673	7.10	69.9
伊莱克斯	三门冰箱	-0.968	1.52	43.9

资料来源：作者根据 CMM 资料计算整理。

下面，我们将分别讨论需求价格弹性与市场份额、需求价格弹性与市场份额增长速度的相关性。

5.4.2.1 需求价格弹性和市场份额的关系

我们对价格弹性和市场份额做 OLS，具体如表 5-4 所示。

第 5 章　品牌需求价格弹性与市场份额关系研究

表 5-4　　　　需求价格弹性与市场份额的相关关系

被解释变量：价格弹性

解释变量	系数	T 值	观测值	R^2
市场份额	1.428	58.98		
常数项	-0.500	-154.29	1373	0.717

资料来源：作者根据 CMM 数据计算整理。

我们发现，价格弹性和市场份额之间确实存在着一定的关系，由表 5-4 可以得到如下回归方程：

$$Elasticity = -0.5 + 1.428 share + \varepsilon_t \qquad (14)$$
$$(-154.29)\ (58.98)$$

5.4.2.2　需求价格弹性和市场份额环比增长速度的关系

1. 两门冰箱市场。

回归分析显示，两门冰箱市场的整体价格需求弹性为 -5.184。各主要品牌中，价格弹性低于行业水平的有 4 个，分别是海尔、西门子、三星和松下；高于行业的有 4 个，分别是美菱、LG、博世和伊莱克斯；另外，容声、新飞的价格需求弹性为正。由于伊莱克斯两门冰箱市场份额不足 1%，将之剔除。

通过比较价格弹性与市场份额之间的关系发现，弹性高于行业水平的品牌，其市场份额环比增长速度均大于 100%，也就是说，在过去几年中，这些品牌的市场份额在不断地扩张。其中，LG 增幅最大，为 124.9%；价格弹性低于行业水平的，其市场份额环比增长速度均小于 100%，即这些品牌的市场份额在萎缩。

2. 三门冰箱市场。

三门电冰箱市场的整体价格需求弹性为 -2.029，低于两门冰箱市场。各主要品牌中，价格弹性低于行业水平的有 3 个，分别是 LG、博世、松下和伊莱克斯；高于行业的有 4 个，分别是容声、新飞、西门子和三星；另外，海尔、美菱两个品牌的价格需求弹性为正。

与两门冰箱市场情况类似，价格弹性高于行业水平的品牌，其市场份额环比增长速度也高于行业平均增幅。如价格弹性最大的新飞，达到 -6.726。弹性为正或低于行业水平的品牌，其市场份额环比增长速度均低于行业增幅。这就是说，市场份额环比增长速度越大，价格弹性越大这一现象在三门冰箱市场同样存在。

5.4.3 "相邻"或"相异"品牌价格变动对市场份额的影响

一般地，中国电冰箱行业的品牌分布可按如下标准来分类：（1）按品牌国籍分，有两类。以海尔为代表的国产品牌集群，包括海尔、新飞、美菱、容声等；以西门子为代表的外资品牌集群，包括西门子、松下、三星、LG、伊莱克斯、博世等；（2）按资本来源分，主要有德国博西系（博世、西门子）、海信系（容声、科龙、海信、康拜恩）、美的系（美的、荣事达、小天鹅）、海尔、美菱、新飞和其他韩日品牌；（3）按市场占有率分，有三个层级。海尔、西门子分别以25%和14%左右的市场份额处于第一品牌集团，传统"四大家族"中的美菱、容声、新飞以8%~5%左右市场份额形成第二品牌集团，松下、LG、三星、博世、伊莱克斯等其他外资品牌为第三品牌集团。

由于我们主要是从消费者选择的角度来划分"邻近"或"相异"品牌，因此，在划分上考虑两点：第一，相近的市场份额和相近的市场价格；第二，交叉弹性的测算细分至品型市场。

本书根据中怡康2008年1月至2009年12月的月度市场数据，分别计算各主要品牌的平均单价、销售量市场份额（台）和销售额市场份额（元），并据此分析品牌的分布。图5-1表明，在两门冰箱市场上，除海尔、西门子两个品牌外，新飞、容声、美菱等三个品牌处于低价位区的"相邻"位置，三星、松下等两个品牌处于高价位区的"相邻"位置。

图5-2表明，在三门冰箱市场上，海尔、西门子两个品牌形成了市场份额相近、平均单价相近的"邻近"品牌；新飞、容声、美菱等三个品牌处于低价位区的"相邻"位置；三星、LG、松下等三个品牌处于高价位区的"相邻"位置。但是，其市场份额均不高。

第5章 品牌需求价格弹性与市场份额关系研究

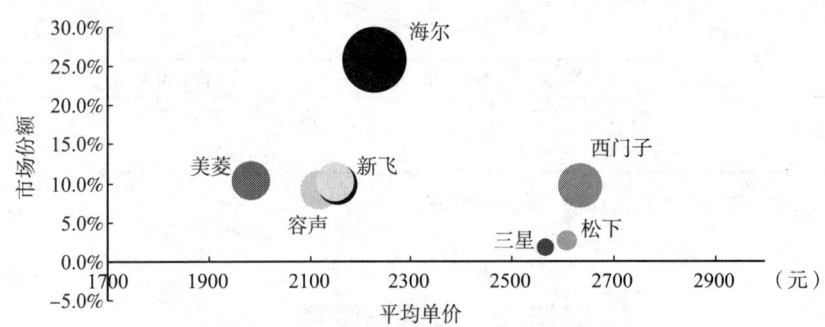

图5-1 两门电冰箱市场的品牌分布状况

资料来源:作者根据CMM资料计算整理。

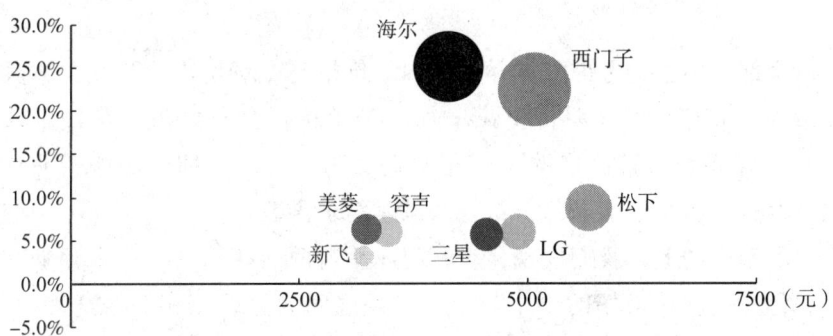

图5-2 三门冰箱市场的品牌分布状况

资料来源:作者根据CMM资料计算整理。

基于上面的分析,我们选择:(1) 两门冰箱市场,新飞和容声、三星和松下为两组"相邻"品牌,新飞和三星、容声和松下为两组"相异"品牌;(2) 三门冰箱市场,西门子和海尔、美菱和容声为两组"相邻"品牌,西门子和容声、海尔和美菱为两组"相异"品牌,并分别计算其价格交叉弹性,如表5-5所示。

表5-5 品牌交叉价格弹性

	相邻品牌		相异品牌	
两门冰箱	新飞-容声	-4.75	新飞-三星	15.98
	三星-松下	-0.05	容声-松下	-0.62

续表

	相邻品牌		相异品牌	
三门冰箱	西门子-海尔	2.54	西门子-容声	0.28
	美菱-容声	0.51	美菱-海尔	-1.38

资料来源：作者根据 CMM 资料计算整理。

5.5 发现与解释

5.5.1 价格与市场份额相关关系的解释

全部市场上，考虑整体样本在内，价格与市场份额为负相关，其系数为 -0.4558，表明价格每增加一个单位，会导致市场份额下降 0.4558 个单位。且价格的 T 值很显著，为 -7.24。即：电冰箱的价格越高，其市场份额越低，符合马歇尔需求函数。

品型市场上，我们发现，对开门冰箱与两门冰箱的结果和预期一致，但三门冰箱市场的价格与市场份额之间为显著正相关。这表明，存在非价格因素影响着消费者对品牌的选择。本书认为，这一因素就是消费者在购买产品时权衡比较品牌的过程中所产生的选择成本。具体来说，除价格因素之外，消费者在选择产品的过程中还会受到由品牌知名度、市场份额、主导产品成熟度、营销诉求等非价格因素的影响，这些因素综合构成了品牌信用度。品牌知名度越高、市场份额越大、产品越成熟、营销诉求越精确，品牌的信用度也越高，就越促进消费者对品牌的选择，反之，就会起阻碍作用。

下面，我们通过对比分析近 6 年来两门冰箱和三门冰箱市场的变化趋势来探究其中缘由。

就整体市场的产品结构而言，作为成熟品型，两门冰箱仍是市场主体，但市场份额逐年下降；三门冰箱作为一个新兴品型，市场已逐渐形成。曾占据绝对主流的两门冰箱从 92.3% 下降至 78.7%；三门冰箱已上升至 13.1%。

第 5 章 品牌需求价格弹性与市场份额关系研究

下面，对两门冰箱与三门冰箱市场各品牌连续 43 个月（2006 年 1 月~2009 年 7 月）的价格和市场份额走势分别做散点图，从中我们可以清晰地比较这两个品型市场在品牌竞争格局和价格行为上的差异，如图 5-3 所示。

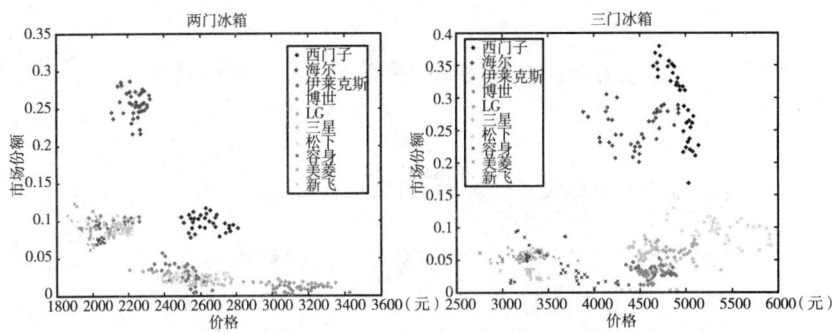

图 5-3 两门冰箱与三门冰箱的价格与市场份额散点图比较
资料来源：作者根据 CMM 数据计算整理。

从图 5-3，我们发现：（1）两门冰箱市场，从市场份额（纵轴）占比看，已经形成三个较为稳定的品牌集群。海尔以 25% 左右市场份额稳居第一品牌；西门子、容声和美菱以 10% 左右市场份额处于第二集群；其他品牌为第三集群。从价格竞争（横轴）看，除 LG 有略宽的价格波幅外，其他品牌价格均相对收敛。（2）三门冰箱市场的情形迥异于两门冰箱市场。新厂商大量涌入这个新兴成长的市场，在竞争的驱动下，领导者品牌的市场份额不断受到新进入者的蚕食。从市场份额（纵轴）占比看，主要分为两个集群，西门子和海尔两个品牌的市场份额之和约占 60%，是第一集群；其他外资和国产品牌的市场份额均低于 10%，为第二集群。但是，由于新品牌的进入导致激烈市场竞争，各品牌市场份额宽幅震荡，价格也相对发散。

这表明，在一个成熟的产品市场，如两门冰箱市场上，由于产品技术成熟，参与竞争的厂家（品牌）长期在位，品牌市场定位也较为清晰、稳定，消费者在选择该类产品时的选择成本已经较低，影响选购的因素主要就是价格。三门冰箱产品处于成长阶段，更新换代快，在位厂商与新进入厂商以价格促销、广告、产品更新等多种竞争形式来争夺市场份额。各主要品牌，尤其是新进入品牌的品牌信用度也有待提高。消费者在选择该类产品时，需要综合权衡价格因素和非价格因素，选择成本较高，价格对市场份额变动的影响受到非价格因素制约较大。

5.5.2 需求价格弹性与市场份额关系的解释

5.5.2.1 需求价格弹性和市场份额的关系

由式（14）可以看出，市场份额和价格弹性存在显著正相关，且其系数在1%显著水平上显著。也就是说，品牌市场份额越大、消费者对其品牌信用越认可，该品牌价格变动对市场份额的影响就越显著，反之则相反。

5.5.2.2 需求价格弹性和市场份额环比增长速度的关系

1. 两门冰箱市场。

由图5-3可知，两门冰箱的整体市场占比正在逐年萎缩。海尔作为该市场的领导者品牌，市场份额约为25%，但其环比增长速度仅为94.9%，甚至还低于行业水平。由于品牌策略（主要是产品策略）的调整，海尔在该品型市场的份额不断萎缩，品牌信誉度也随之逐渐降低。消费者在选购两门冰箱时，将海尔纳入到备选集的选择成本也在不断加大。此时，市场份额对价格变动的敏感度也将降低。相反地，在该市场上份额不断扩张的品牌，如美菱、LG等，市场份额增加，品牌信用度提高，消费者对其价格促销的敏感度也在提高。

不同的品牌策略会形成不同的品牌信用度。由于追求货币成本与选择成本的最小化，消费者在选购产品时，不会对信用度较差的品牌的价格促销动心；而对于品牌信用度较好的品牌，他们又会变成价格敏感的消费者。

2. 三门冰箱市场。

与两门冰箱市场情况类似，价格弹性高于行业水平的品牌，其市场份额环比增长速度也高于行业平均增幅。如价格弹性最大的新飞，达到 -6.726。弹性为正或低于行业水平的品牌，其市场份额环比增长速度均低于行业增幅。这就是说，市场份额环比增长速度越快，价格弹性越大这一现象在三门冰箱市场同样存在。

值得注意的是，西门子和三星的市场份额急剧下降，环比增幅仅为79.6%和68.2%，但其价格弹性仍然较大，西门子甚至达到了 -5.582。原因可能是，西门子和三星都是较早生产和销售三门冰箱的品牌，已经形成了较高的品牌信用度。尤其是西门子，作为三门冰箱的引入者，市场份额一度高达40%以上。领导者品牌市场份额的丧失主要是由于受到后进入者的价格冲击。这也符合品牌定价模型的判断：当模仿者价格极为低廉时，可能产生劣币驱逐良币的效应。

综上所述，第一，不仅不同品牌的需求价格弹性不同，即使同一品牌的不同品型，其弹性也不尽相同。这一事实表明，为了最大限度降低选择成本，消费者对品牌和产品的认知存在非常明确的单义性；第二，需求价格弹性与市场份额环比增长速度呈正向相关。这表明，市场份额不断增长的品牌，其价格弹性更大，说明良好的品牌信用度能降低消费者选择成本，品牌价格促销作用也更为明显。

5.5.3 品牌价格交叉弹性

由表5-4可知，在两门冰箱中，当品牌处于"相邻"位置时，两者之间的价格交叉弹性较大。这就是说，对消费者而言，在选择成本相同或一定的条件下，选择品牌的主要依据是价格，故一个品牌的市场份额对"相邻"品牌的价格变动反应敏感度较高。反之，品牌差异大，意味着选择成本相差较大，则价格交叉弹性也较小。这一结论其实这也可以解释现实消费中的一些普遍现象：譬如，宝马进行价格促销，只会对奥迪或者奔驰的市场份额产生影响，而不太可能对中华、奇瑞QQ的市场份额产生影响。

但是，我们发现，三门冰箱市场中"相邻"品牌的价格交叉弹性未能出现预期结果，各组对比品牌的价格交叉弹性基本呈正相关。更为重要的一点发现是：国产品牌与国际品牌之间的价格交叉弹性没有负的相关性。因此，我们可以推断，我国电冰箱消费呈现非常明显的原产地效应。中国消费者在选择电冰箱品牌时，对于品牌原产地非常敏感，并因之形成了截然不同的消费选择。换言之，当一个消费者倾向于选择外资品牌时，他是不会介意国产品牌是否降价或是提价的。反之，国际品牌的价格行为也不对国产品牌的市场份额产生影响。这一结论说明，在现实消费中，除了价格、市场份额之外，品牌的国籍也是一个十分重要的划分品牌的标准。

产业组织理论中的选址模型认为，某一品牌的需求独立或依赖于另一个品牌商品的价格，取决于两者是否为关系密切的替代品。而这是与消费者的偏好相关的。[①] 本书则认为，品牌价格交叉弹性反映了消费者选择过程中受到各种影响因素的约束程度。同时，也反映了消费者试图降低这些约束的方法，如通过"集群"的方式降低比较的复杂度。当品牌处于"相邻"位置时，表现为价格因素变得较为突出，选择成本的非价格因素对于消费者影响相同或被抵消。即消费者对价格变动的反应更为敏感，"相邻"品牌价格交叉弹性更大。

5.6　中国消费者电冰箱购买行为的调查分析

5.6.1　问卷调查说明

2010年8~12月间，笔者通过设计的《消费者电冰箱购买行为特征调查》问卷，在南京、武汉、成都、广州、沈阳等5个城市对家电大卖场的消费者进行问卷调查。调查目的为深入了解消费者在购买电

---

① 丹尼斯·W·卡尔顿、杰弗里·M·佩洛夫：《现代产业组织》，中国人民大学出版社2009年版，第195页。

冰箱时的（1）购买动机；（2）选择标准；（3）首选品牌；（4）影响因素等。通过更好地了解中国消费者购买电冰箱时的选择行为特点，为实证研究提供经验数据支持。此次调查回收的有效问卷为307份，如表5-6所示。

表5-6　　　　消费者电冰箱购买行为特征调查样本情况

成都	广州	南京	沈阳	武汉	合计
62	48	91	52	54	307

资料来源：作者根据问卷调查数据计算整理。

5.6.2 若干发现

5.6.2.1 购买动机

从整体上来看，大部分消费者购买冰箱的原因是新房装修，占比为43%。其次是更新换代，占比为41%，然后是新婚或为子女结婚购置。分城市来看，成都、武汉的消费者更换冰箱的原因主要是新房装修，而广州、南京、沈阳的消费者主要是因为新房装修更换冰箱，如表5-7所示。

表5-7　　　　　　　消费者电冰箱购买动机

选项	选项内容	成都 数量（个）	广州 数量（个）	南京 数量（个）	沈阳 数量（个）	武汉 数量（个）	合计
A	结婚购置	1	9	15	5	11	41
B	新房装修	31	18	35	22	27	133
C	更新换代	27	21	40	23	16	127
D	其他	3	0	1	2	0	6

资料来源：作者根据问卷调查数据计算整理。

这表明，目前对于电冰箱购买而言，绝大多数中国消费者都不是初次消费，对于该产品已经具有相当的使用经验。

另从中国传媒大学近年来出版的《IMI消费行为与生活形态年鉴》的调查研究可以看出，在中国各主要大中城市中，电冰箱已经成为保有量非常大的耐用消费品，如表5-8所示。这也从产品保有和更新的角度说明了中国消费者对于电冰箱的使用普及程度和产品熟悉程度。此外，在过去10年中，购买电冰箱的高峰期为1996~2000年，全国各主要大中城市的购买率均在30%~60%之间。这就意味着从2006年起，中国城市居民的电冰箱消费已经进入了一个新的更新换代时期。

表5-8　　　　　　　2005年中国消费者电冰箱保有量

城市	保有量	1985年	1986~1990年	1991~1995年	1996~2000年	2000~2003年
北京	96.8	9.9	20	17.9	45.4	6.7
上海	94.5	4.9	23.3	22.6	41.1	8.2
南京	89.7	3.4	22.3	21.6	40.1	12.6
杭州	94.7	3.5	11	20.7	55.7	9.1
宁波	93.3	5.7	22.5	20.9	41.1	9.8
福州	93.8	4.8	17	27.9	41.3	9
广州	97.2	2	8.3	25.4	57.5	6.9
深圳	98.3	2.6	5.8	21.8	58.8	11.1
成都	97.6	2.2	9.4	27.3	51.2	10
武汉	97.7	7.2	29.9	21.6	32.5	8.8
西安	82.8	1.9	26.1	31.4	33	7.6
天津	91.2	6.5	31	20.3	36	6.2
南昌	88	6	23.4	29.9	33.6	7.1
郑州	84.7	4.7	18.8	28.8	37.2	10.4
长沙	82.2	2.5	13.9	24.8	47	11.8
沈阳	79.2	4.2	26.9	27.5	35.2	6.2
长春	77.8	4.1	18.9	30.2	38.6	8.1
哈尔滨	79.4	4.9	23.5	29.3	36.4	5.9

第5章 品牌需求价格弹性与市场份额关系研究

续表

城市	保有量	1985年	1986~1990年	1991~1995年	1996~2000年	2000~2003年
青岛	81.8	3	22.9	26.5	34.9	12.6
重庆	85.2	5.2	22.9	24.3	39.3	8.2
昆明	97.5	4.6	18.1	22.6	46.6	8

资料来源：作者根据IMI数据整理。

5.6.2.2 选购标准

从整体上看，消费者在选购冰箱时最看重的因素按排名顺序依次是保鲜效果，价格（2），品牌（3），节能，外观和颜色，容积，噪声，杀菌、除臭功能，冷冻速度，服务，其他。

分区域来看，成都的消费者购买冰箱时看重的因素排名是：保鲜效果，品牌（2），节能，价格（4），容积，杀菌、除臭功能，外观、颜色，冷冻速度，服务，噪声，其他；广州的消费者购买冰箱时看重的因素排名是：保鲜效果，品牌（2），容积，节能，价格（5），噪声，服务，杀菌、除臭功能，外观、颜色，冷冻速度，其他；南京的消费者购买冰箱时看重的因素排名是：保鲜效果，外观、颜色，价格（3），品牌（5），节能，容积，噪声，冷冻速度，杀菌、除臭功能，服务，其他；沈阳的消费者购买冰箱时看重的因素排名是：保鲜效果，价格（2），容积，杀菌、除臭功能，节能，外观、颜色，噪声，品牌（8），冷冻速度，服务，其他；武汉的消费者购买冰箱时看重的因素排名是：保鲜效果，价格（2），品牌（3），节能，外观、颜色，容积，噪声，杀菌、除臭功能，服务，冷冻速度，其他。

需要指出的是，除容积[①]（B）外，保鲜、杀菌、节能、外观设计、噪声、服务、冷冻能力（C~K）等选项均可单独形成一个品牌的利益点。根据品牌经济学对于品牌单义性的定义，若厂商采取某种

[①] 对电冰箱产品而言，一般可按照容积分为小型冰箱，容积为50~120L；中型冰箱，容积为130~250L；大型冰箱，容积为300L以上。而在目前市场上，分别对应的为单门冰箱、两门冰箱、三门冰箱和对开门冰箱。

表5-9　　　　　　　　中国消费者电冰箱选购标准

选项	选项内容	成都 数量	成都 排名	广州 数量	广州 排名	南京 数量	南京 排名	沈阳 数量	沈阳 排名	武汉 数量	武汉 排名
A	价格	21	4	15	5	43	3	20	2	28	2
B	容积	20	5	21	3	24	6	19	3	18	6
C	保鲜效果	39	1	26	1	46	1	33	1	33	1
D	噪声	12	10	13	6	23	7	14	7	18	7
E	冷冻速度	16	8	3	10	17	8	12	9	9	10
F	节能	23	3	17	4	40	5	17	5	19	4
G	外观、颜色	18	6	7	9	44	2	16	6	19	5
H	杀菌、除臭	18	7	11	8	16	9	19	4	16	8
I	品牌	25	2	24	2	42	4	13	8	20	3
J	服务	14	9	11	7	10	10	2	10	11	9
K	其他	1	11	2	11	1	11	0	11	0	11

资料来源：作者根据问卷调查数据计算整理。

合意的品牌策略，将其产品的品牌诉求聚焦于某一个选购标准，即可成为一个品牌。如海尔，长期宣传其"真诚到永远"的服务质量，从而打造成了以"服务"为单一诉求点的品牌信用度较高的电冰箱品牌。而调查问卷中的"品牌"选项，从受访消费者的理解角度而言，更像是一种对某一品牌的总体认可度和信赖感。

综上所述，从消费者问卷调查的反馈情况，我们认为，将容积作为细分子品型市场的标准是符合消费者选购行为特征的。

5.6.2.3 首选品牌

从整体来看，被调查的消费者更换冰箱时大部分人选择欧洲品牌，占被调查者的61.77%；其次是国产品牌，占21.41%；排在最后的是韩日品牌，占被调查者的16.82%。分城市来看，5个城市在更换冰箱时大部分消费者都愿意选择欧洲品牌，如表5-10所示。

表 5-10　　　　　　中国消费者电冰箱首选品牌

选项	选项内容	成都 数量（个）	广州 数量（个）	南京 数量（个）	沈阳 数量（个）	武汉 数量（个）	整体 数量（个）	占比 %
A	国产品牌	16	8	16	9	21	70	21.41
B	韩日品牌	4	16	17	10	8	55	16.82
C	欧洲品牌	44	39	51	33	35	202	61.77

资料来源：作者根据问卷调查数据计算整理。

尽管，从各城市市场实际的销售情况看，外资品牌的市场份额占有率并没有如同问卷调查反馈的消费者首选率高。但是，这一调查结果显示了中国消费者对于国产品牌和外资品牌的一个总体性认知和品牌偏好。Khanna 认为多数消费者对发达国家产品印象较佳，对第三世界国家的产品印象较差。[①] 这就是因原产地不同而导致对产品认知存在差异的原产地效应。本章 5.5.3 节对于品牌交叉弹性的实证研究也证实了这一点。

5.6.2.4　影响因素

由于电冰箱消费对于大多数消费者而言都是更新换代、再次购买（新房装修），故而从整体上看，消费者在选购冰箱时主要是靠自己的主观判断，约占 25%。此外，有 21.9% 的消费者是靠朋友、亲戚推荐的。

下面，我们进一步来考察消费者在终端卖场的实际选购过程中所花费的选购时间和一些随机的影响因素。从调查结果来看，30.41% 的消费者会在 15 分钟以内，43.89% 的被调查者在商场最终决定购买时，大约需要与促销员交流 30 分钟。30 分钟以内的约占到 74%。

[①] Khanna Sri Ram, Asian Companies and the Country Stereotype Paradox：An Empirical Study, Columbia Journal of World Business, 1986, pp. 29-38.

表 5-11　　　　　中国消费者电冰箱选购影响因素

选项	选项内容	成都 数量（个）	广州 数量（个）	南京 数量（个）	沈阳 数量（个）	武汉 数量（个）	整体 数量（个）	排名
A	媒体广告	2	5	9	2	17	35	6
B	导购人员介绍	9	18	25	11	8	71	3
C	朋友、亲戚推荐	17	19	26	9	23	94	2
D	以往使用的经验	14	10	18	11	6	59	5
E	网络的数据、评价	13	6	21	6	14	60	4
F	自己的主观判断	24	24	16	15	30	109	1

资料来源：作者根据问卷调查数据计算整理。

18.50%的消费者要交流1小时，有2.51%的消费者会用2小时，4.7%的消费者会占用2小时以上。

表 5-12　　　　中国消费者电冰箱选购的现场购物时间

选项	选项内容	成都 数量（个）	广州 数量（个）	南京 数量（个）	沈阳 数量（个）	武汉 数量（个）	整体 数量（个）	占比（%）
A	<15分钟	24	17	28	10	18	97	30.41
B	30分钟	24	16	40	30	30	140	43.89
C	1小时	8	11	13	12	15	59	18.50
D	2小时	0	3	1	0	4	8	2.51
E	>2小时	4	3	5	0	3	15	4.70

资料来源：作者根据问卷调查数据计算整理。

在终端卖场影响选购决策的随机因素中，32.2%的消费者认为如果产品（性能、质量、设计）出色，会减少选购比较花费的时间；34%的消费者会受到朋友、亲戚强烈推荐或导购人员推介的影响而减少选购比较花费的时间；13.83%的消费者认为如果网络公布的数据、评价较好，会减少选购比较花费的时间；只有8.16%的消费者认为媒体广告吸引力大会减少选购比较花费的时间。

表5-13　中国消费者电冰箱选购的随机影响因素

选项	选项内容	成都 数量（个）	广州 数量（个）	南京 数量（个）	沈阳 数量（个）	武汉 数量（个）	整体 数量（个）	占比（%）
A	媒体广告吸引力大	4	6	11	7	8	36	8.16
B	产品（性能、质量、设计）出色	27	31	28	21	35	142	32.20
C	朋友、亲戚强烈推荐	12	15	17	15	21	80	18.14
D	以往使用体验较好	11	8	20	5	8	52	11.79
E	网络公布的数据、评价较好	13	8	24	6	10	61	13.83
F	导购人员介绍认真、清晰	12	14	17	14	13	70	15.87

资料来源：作者根据问卷调查数据计算整理。

从消费者问卷反馈情况来看，大多数消费者选购电冰箱都是自主决策而较少受到他人意见的影响。而且，他们在最终选购时所花费的时间都较短，一般不超过半个小时。在最终购买阶段，终端卖场的随机影响因素主要还是取决于产品本身的性能和设计等是否能够超越于消费者对产品的预期。当然，亲戚朋友的建议和促销员的推介，将促进消费者对于产品的了解和认可。

5.7　本章小结

价格弹性与市场份额的关系是产业组织理论市场结构分析的重要内容。但在对众多行业的实证研究中，两者的相关关系并不确定。这给基于"集中率—利润"假说的市场结构分析带来了相当大的困难。本书用回归估计的方法分别计算了中国电冰箱行业前10个品牌的需求价格弹性，价格交叉弹性，并对不同品型（两门冰箱、三门冰箱）

市场的结果进行了对比分析。实证结果显示，价格弹性与市场份额的关系在不同的品牌之间、同一品牌在不同的品型市场上均不相同。这表明，不同的选择条件下，消费者对（不同）品牌的价格敏感性不尽相同。而品牌信用度正是影响消费者选择行为的关键因素。在各个品型市场上，品牌选择成本（在本书中，主要是通过品牌的市场份额、价格定位，及其在某个市场时期的稳定性来刻画和表达）对品牌的价敏感度产生了较大的影响。这就从消费者的角度揭示了非价格因素作为价格因素起作用的约束条件的作用机制。

从本书的研究可以看出，影响消费者需求的因素不仅有货币价格，还有其他非价格因素。在商品过剩的条件下，非价格因素可以抽象为品牌。消费者选择行为受到价格机制与品牌机制的共同作用。市场份额对价格变动的敏感程度反映出的是在消费者群体中普遍存在的降低货币价格和选择成本的双重需求。因此，将基于选择成本的品牌引入到需求函数中，不仅很好地解释了品牌的价格灵活性与其市场份额之间的关系，而且刻画出了价格机制是如何通过品牌机制对市场份额起作用的。

从实践角度而言，本书的研究结论表明，在市场份额的争夺中，厂商不能沉溺在"价格战"的泥泞中不能自拔，只有品牌信用度高，消费者对其价格才敏感，价格促销的效果才更为显著。中国电冰箱行业的市场竞争也表明，厂商的营销实践应该围绕旨在最具竞争力的产品市场上提升品牌形象、明确品牌定位，最大限度地降低消费者的选择成本，才能够最终在竞争中提升品牌市场份额。

第 6 章

品牌分异度及其对市场结构的影响研究

6.1 看到的现象：品牌集群与市场结构松散化

6.1.1 品牌集群的形成

经过了30多年的技术引进和自主创新，加之消费者生活水平和购买能力的不断提高，中国电冰箱产业已经成为发展最快、国际竞争力最高的竞争性产业之一。目前，中国已成为全球最大的电冰箱市场，形成了一批知名的电冰箱品牌，如海尔、海信、容声、美菱等，都是在行业中处于领先地位的国产品牌。另一方面，三星、LG、松下、东芝、西门子、伊莱克斯、GE、惠尔浦等跨国家电巨头也相继进入中国电冰箱行业，投资在不断地加大，战略渗透在不断地深化，与国产品牌进行着激烈的市场竞争。从品牌集群的角度而言，以海尔、容声、新飞、美菱等"四大家族"为代表的国产品牌群和以西门子为代表的外资品牌群已经形成，并对市场结构的发展演变和在位企业的竞争行为产生巨大的影响。

1996 年前后，主要外资家电品牌进入中国电冰箱市场。① 在此后的 6 年间，通过合资方式实现了本土化的外资品牌借助在品牌、技术等方面优化组合的强大实力，对国产品牌造成了巨大的冲击。2003 年，市场排名前 16 名的品牌中，6 个外资品牌群以 30.58% 的市场份额达到历史最高值。

但是，从 2004 年起，外资品牌群的市场份额却逐年下降。至 2009 年，为 23.27%，已经接近外资品牌群 2000 年时的市场份额（20.48%），如图 6-1 所示。

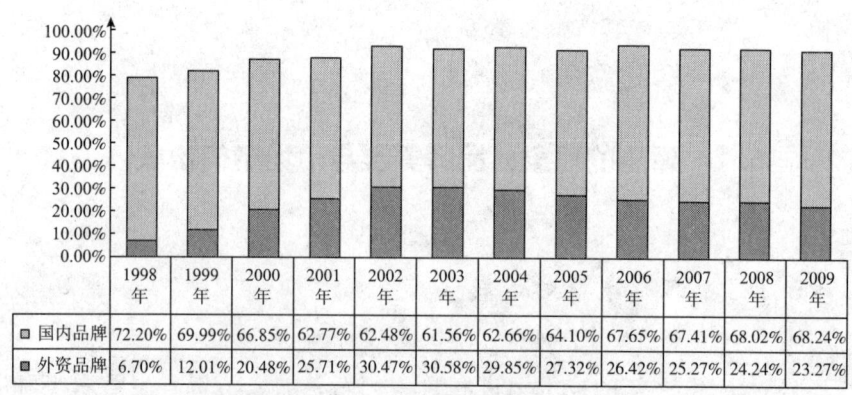

图 6-1 外资品牌与国产品牌市场份额的对比（1998~2009 年）

外资品牌群市场份额逐年下降，未能继续进入之初的市场渗透的原因以及由此带来的对市场结构的影响值得深入分析。从中外品牌群的对比看，1998~2004 年，外资品牌群有 4 个进入 CR_8，其中连续 4 年（2001~2004 年）有 1 个外资品牌进入 CR_4。2005 年以后，外资品牌在 CR_8 中的占比减少至 2 个以下（其中，2006 年和 2007 年连续两年仅有西门子进入 CR_8）。从单个品牌看，西门子自 2005 年成为第

---

① 20 世纪 90 年代中期，跨国电冰箱制造企业纷纷进入中国市场。1992 年，夏普株式会社与广电集团合资；1995 年，松下电器与无锡小天鹅集团合资；美国惠尔浦公司与北京雪花电器合资；三星株式会社与苏州香雪海电器合资；LG 与泰州春兰合资；1996 年，美泰克与荣事达合资；德国博世－西门子家电集团与扬子集团合资；1997 年，瑞典伊莱克斯与长沙中意电器集团合资。至此，全球主要家电制造企业均以合资的方式进入中国市场。

二品牌后,连续 5 年占据着这一位置,成为唯一进入 CR_4 的外资品牌。在国产品牌群中,总体而言,传统"四大家族"的市场地位依然较为巩固。海尔保持第一,新飞、美菱、容声的市场位置有所调整,但仍处于前 5 名。只是由于受到了外资品牌的冲击,失去了第二品牌的位置。从单个品牌看,尽管市场份额逐年下降,但海尔仍牢牢占据市场第一的位置。

值得注意的是,海信、荣事达、美的、小天鹅等行业新进入者的市场份额快速上升,在不同的年份进入了 $CR_5 \sim CR_8$。这些国产品牌作为新进入者将外资品牌群中的第二梯队,如三星、伊莱克斯、惠尔浦等,阻止在了 CR_8 之外。

6.1.2 市场结构的松散趋势

从 20 世纪 90 年代初期开始,中国电冰箱行业的市场集中过程开始加速进行。这种上升势头一直持续到 90 年代末,1999 年时,CR_4 达到 77.3%,CR_8 达到 96.2%。按照美国经济学家贝恩的市场结构划分理论,当时中国电冰箱行业已经处于高度集中寡占型(寡占 Ⅱ 型)市场。但是,在此后的十多年中,市场集中度急剧下降。2006 年 CR_4 下降至最低点,为 50.43%,市场结构松散为中上集中寡占型(寡占 Ⅲ 型)。

我们将中国电冰箱行业过去 12 年中的市场结构演变分为三个阶段:1998~2001 年,为第一阶段。在这一阶段,伴随着 CR_4 的市场份额不断下降,$CR_5 \sim CR_8$ 却在不断上升,2001 年达到 31.61%;2002~2006 年为第二阶段。在这一阶段,CR_8 之外的其他厂商市场份额逐年上升,2006 年,达到 23.39%,仅仅比 $CR_5 \sim CR_8$ 少不到 3 个百分点;2007 年至今为第三阶段。不同市场层级的份额比重基本稳定。

对照 CR_8 中,外资品牌群和国产品牌群的分布情况,我们就可以发现:在第一阶段(1998~2001 年),外资品牌群通过在中国市场的技术转移,扩充产能,大规模建立健全销售渠道,市场份额急剧上升,国产品牌一统市场的局面被打破;在第二阶段(2002~2006年),外资品牌群进一步的市场渗透,导致国产品牌之间的市场竞争加剧,CR_8 之外的厂商(主要是国产品牌和一些新进入者)开始活跃,市场结构进一步松散;第三阶段,不同品牌群各自的市场定位开始明晰,市场结构开始企稳,并略有回升。

在第一阶段,外资品牌群对市场份额的蚕食打破了国产品牌群的市场垄断地位。

在开放市场条件下,中国电冰箱行业最初的新进入者是20世纪90年代中期的外资品牌。由于拥有技术、品牌的优势,它们迅速获得中国消费者青睐,市场份额急剧上升。以外资品牌中的领先品牌西门子为例,1999年,西门子WTS电脑温控冰箱上市,这种建立在全球统一制造标准(Worldwide Technical Standardization)上的全新产品,成功地实现了与国产品牌的产品差异化。凭借这一技术平台上,西门子不断巩固其高质量、高技术的竞争优势。2003年,西门子推出了电脑三循环零度生物保鲜冰箱系列。同年,西门子进入 CR_4,并最终成为第二品牌。

在第二阶段,中外品牌集群的形成加剧了国产品牌之间的竞争。

由于外资品牌群在技术研发方面的优势,其产品差异化有助于形成品牌的中高端定位。因此,原本处于领先位置的国产品牌在受到外资品牌冲击的同时,更面临着其他国产品牌的蚕食。由于市场定位趋同,产品同质化严重,海信、荣事达和美的等一批新进入的国产品牌的加入,让国产品牌之间的竞争更为激烈。

同时,外资品牌群的形成,不仅为中国消费者提供了差异化的产品选择(如三门冰箱、对开门冰箱等),更因之形成了市场定位和品牌定位的差异化。在厂商品牌策略的促进下,消费者开始对电冰箱产生了个性化的主观偏好。由于消费者面临着更多的品牌选择,经济发达的大中城市和三四市场的市场需求开始逐渐分化,市场需求呈现多元化趋势。中怡康监测数据显示,价格段位上,冰箱的平均零售价格已从2006年的2440元增至2008年的2783元,涨幅达14.1%。与此同时,高端冰箱的零售份额达到33.3%左右;产品结构上,从单门冰箱、两门冰箱、三门冰箱、对开门冰箱和多门冰箱的市场份额近6年来的变化趋势，我们可以看出曾经占据绝对主流的两门冰箱从92.3%下降至78.7%，三门冰箱已上升至13.1%。作为新的增长点，对开门冰箱从2004年前的0.8%上升到3.5%。

在第三阶段，由于学习曲线的存在，中外品牌集群之间的竞争进一步加剧。

尽管外资品牌拥有技术研发和工艺制造上的优势，但是技术外溢给国产品牌带来学习和模仿的机会。凭借"模仿策略"和"低价策略"，国产品牌的市场竞争力将有所提升。不断缩小的技术差距和更为灵活的市场策略，将给外资品牌的进一步市场渗透带来阻力。从表6-1中我们也能看出，2005年后，国产品牌群的市场份额全面回升。截至2009年，6个国产品牌进入CR_8，已经优于1998年外资品牌进入中国之初的市场竞争态势。不过，伴随着两大品牌集群竞争的加剧，市场结构也有继续松散化的趋势。

综上所述，中国电冰箱行业市场结构松散化过程中主要是由两个因素驱动：第一，新进入者。外资品牌和新兴的国产品牌的市场蚕食，对原有的市场结构形成了非常明显的冲击；第二，消费者。中外品牌集群的形成，将消费者需求进一步细分化，也促进了消费者品牌意识的明晰。市场的分层与分化逐渐形成。

6.2 相关研究文献

6.2.1 跨国公司"战略跟随"对市场结构的影响

关于跨国公司对中国市场结构的影响问题，目前更多的文献集中在FDI的研究上，如刘小玄、江小娟等。也有学者分析了跨国公司进入的"战略跟随"现象与市场结构的"传导效应"，认为根据寡占反应论（Theory of Oligopolistic Reaction），一家跨国公司在某海外市场投资后，其母国或第三国的竞争对手也相继而来，将它们之间在母国或第三国的竞争格局传导给东道国（F. T. Knicker Bocker, 1976）。跨国公司这种投资特点即为"战略跟随"现象，战略跟随的结果是对东道国的市场结构产生传导效应，使后者的市场结构出现与跨国公司所处的母国或国际化的市场结构类似的状态。因为"战略跟随"多发生在寡占型行业中，所以跨国公司向东道国传导的基本上都是寡占型的市场结构。

另外，王海忠、赵平等建立了品牌原产地效应的理论模型，实证研究了品牌原产地对消费者品牌信念和品牌购买意向的显著性作用。他们认为，尽管国产品牌形象评分总体上为负面，并低于美日品牌，但在某些产品类别上已显示出相对优势。

6.2.2 产品差异化对市场结构的影响

高建刚（2006）从演化经济学的角度出发，通过拓展 Nelson 和 Winter 关于同质产品演化的传统模型，发现双占模型的稳定性很大程度上取决于市场的需求结构特征。在同质产品情形下，双占模型的稳定性具有刀刃特征。即除非两个厂商是等同的，否则，从长期看，均衡时只能有一家厂商存在于市场。垄断更可能是同质产品情形下的结果。虽然产品差异化并不能完全消除垄断的存在，但产品差异化却提高了厂商共存结构的稳定性。而且，产品差异化程度越大，双占结构越稳定。使用投资战略表明产品差异化如何削减厂商对竞争压力反应的灵敏性。虽然更积极的投资战略会产生较大的竞争压力，但随着产品差异化程度的增大，这种效应也在递减。这种递减效应在厂商选择的是技术策略而不是投资策略时也适用。借用生态学术语，产品差异化为厂商提供了一个市场小生境。产品差异化为实际观测到的企业形式的异质性提供了一个合理解释。产品差异化也在一定程度上限制了市场集中。如果从理论上承认这点，选择机制也许适用于更复杂的熊彼特式的环境，在此环境下，厂商进入和退出、产品和流程创新、广告等使每一个市场小生境永远在不断动荡之中。

石岿然、肖条军（2004）认为，在价格竞争往往引发无序的市场行为，不利于市场结构的规范。从企业基本的战略来看，企业之间并不完全是价格的竞争。产品差异化是避免同类产品市场的高强度竞争，赢得高额利润的主要战略之一。因此，企业应根据实际情况，充分运用现代经济工具，做出科学合理的战略决策，这对于企业的生存和发展具有重要的现实意义。基于一个具有非线性需求函数的双寡头市场的纵向产品差异模型，考虑了市场存在分别生产高质量产品和低质量产品的2家企业进行的两阶段博弈问题：第1阶段企业选择策略变量（价格或产量），第2阶段确定价格的高低或产量的大小，得到了Cournot均衡为子博弈精炼纳什均衡，且产量策略构成演化稳定策略的结论，从而为企业的战略选择提供了决策依据。

6.3 品牌分异度

最早提出随着市场竞争和品牌发展的过程，产品品类不断细分的是美国定位理论大师艾尔·里斯。他从达尔文这种"分化式"的进化史观点出发，认为品牌的诞生不是源自于融合，而是来源于"分化"："你若要打造成功品牌，就必须理解分化。你必须寻找机会，通过原有品类的分化创造新品类。然后，你必须成为新生品类的第一个品牌。在'品牌的大树上'，成功品牌是主导了新生枝条的品牌。随着枝条不断扩展并阻挡邻近枝条的阳光，品牌也随后变得越来越成功。传统营销没有把注意力集中在创建新品类上，而是集中在开发新顾客上。传统营销就是发现顾客的需求，然后提供比竞争对手更优质、更便宜的产品或服务来满足顾客的需求。"[①]

孙曰瑶、刘华军（2007）通过引入选择成本和转换成本，构造了厂商竞争的品牌壁垒概念，这为品牌分化提供了经济学的理论支持。所谓品牌分异度，是指对某个产品单一利益点的细分数量，细分数量越多，品类分异度越高。

---

① 艾尔·里斯、劳拉·里斯：《品牌之源》，上海人民出版社2005年版，第7页。

在市场竞争中，厂商常常容易犯的错误有两个：（1）对在位者强势品牌而言，始终具有品牌延伸（Brand Extensions）的冲动。即将某一知名品牌或某一具有市场影响力的成功品牌扩展到与成名产品或原产品不尽相同的产品上，以凭借现有成功品牌推出新产品的过程。（2）对后来者或潜在进入者品牌而言，总是期望走捷径，模仿在位者品牌。

品牌经济学已有的研究表明（孙曰瑶、刘华军，2007），这两种错误都将大大增加消费者的选择成本，从而使厂商陷入"泥泞的中间地带"，被价格消耗拖垮。

相反地，在价格不变时，通过提高品类分异度（Category Divergence Degree），即产品从模糊利益转移和发展到多个单一利益点，同时配合明晰的商标符号和精确的品牌策略，是可以促进总需求的增加的。[①] 市场容量的扩大，为品牌竞争提供了更为广阔的产品空间。因此我们认为，经过充分的市场竞争而发生品牌分化（Brand Diversification）是不可避免的。

6.4 品牌分异的驱动因素

6.4.1 在位品牌缺乏垄断势力

如果不能有效地防御新的外部进入者，市场集中度本身就极不重要。在没有进入壁垒时，它只是防止超额利润消失的必要条件，而非充分条件。其中，产品差异化，是防止潜在进入者同在位企业争夺市场份额的主要壁垒。从新进入者对市场集中度的影响，我们可以看出，中国电冰箱市场的高集中度并没有形成相应的进入壁垒。无论是20世纪90年代末期的外资企业进入，还是2005年前后的国产品牌新进入者，都对在位国内企业的市场份额产生了巨大的影响。贝恩指

[①] 参见孙曰瑶、刘华军：《品牌经济学原理》，经济科学出版社2007年版，第62页。

出，进入壁垒是收益的主要决定因素。① 这也是中国电冰箱市场利润不断下降的原因。由于行业内技术和产品同质化的加剧、规模经济效应，以及产业集群的不断成熟，进入壁垒的技术因素方面将进一步降低。这使得在位企业缺乏足够的垄断力量。此时，若后来者或者潜在进入者仍采取模仿策略，将无法生存。其理由如下：第一，后进入者的品牌品类所代表的利益点与在位者一样，则消费者选择后来者或潜在进入者的转换成本极高，理性的消费者将不会选择该品牌，后来者或潜在进入者品牌的销售必然受挫。② 第二，由第 3 章的均衡价格推导可知，当 $C_c \rightarrow 1$，$B_c \rightarrow 0$ 时，其均衡定价与完全竞争条件下一致，这将进一步加剧行业利润率的下降，从而使得后来者或潜在进入者无法存活。

因此，在产品过剩的条件下，厂商进行品类创新（Brand Category Innovation），开创与在位品牌完全不同的品牌的需求将非常强烈。这就形成了品牌分异的第一个驱动因素。

6.4.2 竞争示范效应

首先，外资品牌进入中国市场后，通过并购方式淘汰落后企业的同时，还引发了强有力的外部竞争。巨大竞争压力一方面使低效率的国内品牌退出市场，从而改善了行业的退出机制；另一方面，也促使国内企业通过各种形式的资产整合，尽快提高企业竞争力和市场地位。如近年来，国内冰箱企业通过一系列的并购与重组，形成了海信系（海信、容声、科龙、康拜恩）和美的系（美的、小天鹅、荣事达）。这些新的进入者在最近两三年均有不俗的市场表现。③

其次，面对外资品牌的竞争，国产品牌纷纷加紧技术冲刺，加快了自主研发进程。中国家电联合调研课题组 2007 年 6 月首次对冰箱

---

① 多纳德·海、莫瑞斯：《产业经济学与组织》，经济科学出版社 2001 年版，第 408 页。
② 参见孙曰瑶、刘华军：《品牌经济学原理》，经济科学出版社 2007 年版，第 158 页。
③ 除科龙、容声外，两大品牌系的其他主导品牌均曾进入过 CR_8。

保鲜性能进行了实验室检测，对于"零度生物保鲜"、"光波增鲜"、"原生态保鲜"、"维他保鲜"、"VC保鲜"等众多保鲜概念进行可以量化的比较，涉及市场上主流品牌的16个型号。这表明，在技术比较成熟的产业与竞争日益激烈的市场中，技术领先者（如外资品牌）将会被迅速模仿，实现差异化的难度越来越大。

最后，在品牌运作方面，我国电冰箱行业一定程度上得益于外资品牌进入产生的竞争示范效应，在竞争手段运用、竞争方式多样化方面有了长足进步。如海尔在成功运作其主品牌的同时，推出了"卡萨蒂"作为高端品牌与外资品牌进行高端市场的争夺。

6.4.3 市场容量的扩大

第一，外资品牌的进入与发展刺激了市场容量的扩张，带动了国内投资的发展，改变了行业的竞争格局。在电冰箱行业，随着中国市场需求的增长，目前，在中国市场上不仅世界上著名的电器制造商都已经悉数到齐，而且有更多的国内家电企业通过"多元化"加入了电冰箱市场的争夺。如美的，作为小家电领导品牌进入电冰箱行业。它避开外资品牌核心技术方面的优势，将产品开发和营销的重点放在了外观设计等环节，开发出"凡帝罗"L型把手冰箱，迎合了年轻用户追求时尚的消费观念，市场份额迅速上升。

第二，进入2008年以来，在国家"家电下乡"政策的刺激下，国产品牌作为中标企业中的主体，利用在渠道拓展方面的优势，加大了在三、四级市场的开发力度，市场份额进一步扩大。

市场容量的扩张对电冰箱行业集中度的影响有两个方面。一方面，随着市场的扩容，具有竞争优势的大企业乘机兼并中小企业以寻求垄断地位，使产业集中度提高。另一方面，当市场容量的增长速度超出大企业的扩张速度时则会降低市场集中度。改革开放以后，随着中国经济的快速发展，国民收入水平的提高，居民消费结构的转变，对电冰箱的需求量大幅度提高。特别是随着城镇化进程的加快，广大农村市场的电冰箱需求增长更为迅猛。电冰箱厂商的扩张速度无法跟上市场容量的增长，也会导致行业的低集中度。

6.5　品牌分异的价格行为分析

总体而言，中国电冰箱行业并没有发生像彩电行业中那样激烈的"价格战"。但是，价格作为技术渗透手段和品牌定位策略，却值得深入研究。

6.5.1　外资品牌以价格渗透作为技术渗透的手段

首先，对外资品牌而言，其在华业务是产品生命周期的延续，是产品残值的释放。从产品国际生命周期的角度看，建立在技术渗透上的价格战，价格渗透是技术渗透的表现形式。而且，这一产品残值的释放并不是静止不变的，新的残值会源源不断地到来，从而始终保持在中国市场的竞争优势。其次，价格作为品牌信号，也是外资品牌对国产品牌进行市场区隔的策略性手段。以西门子为例，一方面，西门子坚持以技术为依托进行高端切入，确保价格战对这类产品不造成冲击；另一方面又跟随市场走势渐次降低价格，但同时保持降价幅度低于市场平均水平，直到新的产品取代。从而将产品国际生命周期中具有较高效用的残值充分释放。

下面以国产品牌群中的代表品牌的海尔（市场排名第一）和外资品牌群中的代表品牌西门子（市场排名第二）的价格走势进行对比分析。市场价格数据选取2006年1月至2009年12月共计48个月的中怡康数据。

6.5.1.1　在成熟产品市场，外资品牌将价格渗透作为产品残值释放的方式

在两门冰箱市场上，由于外资品牌在该子品类市场上的产品残值已经释放殆尽，国产品牌在该子市场上的产品已无差别。因此，西门子在两门冰箱的价格上采取了跟随策略，不再主动进行价格渗透。同

时，由于品牌溢价，其价格比海尔仍高出 300~500 元，如图 6-2 所示。

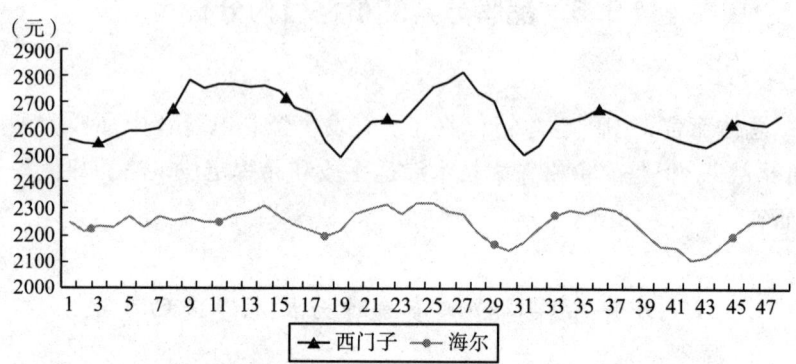

图 6-2 海尔和西门子两门冰箱价格对比

资料来源：CMM，作者绘制。

6.5.1.2 在主导产品市场，外资品牌通过品牌溢价获得最大的利润回报

三门冰箱是西门子目前的市场主导产品，约占其自身市场份额的 30%。因此在该市场上，西门子试图不断拉大与海尔的价格差距，以获得更大的市场赢利，如图 6-3 所示。

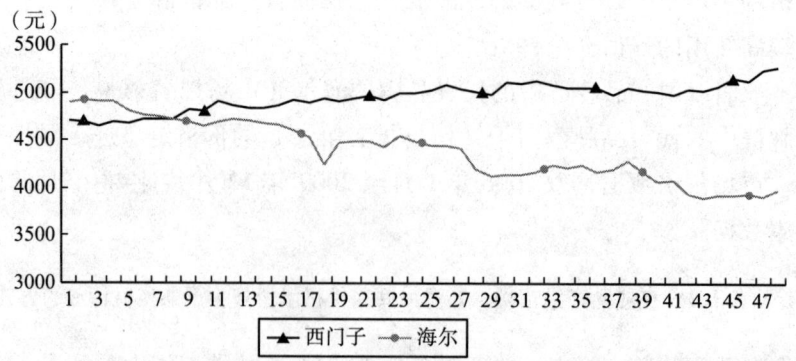

图 6-3 海尔和西门子三门冰箱价格对比

资料来源：CMM，作者绘制。

6.5.1.3 在新兴产品市场上，外资品牌利用价格作为市场渗透的手段

作为刚刚兴起的市场，对开门冰箱无论从产品技术，还是消费者培育上都是一个全新的市场领域。因此，也是国产品牌群和外资品牌群在高端电冰箱市场竞争最为激烈的市场领域。在这一市场上，西门子通过不断的价格调整，以获取市场份额。这与它在成熟市场（两门冰箱）和主导市场（三门冰箱）上的价格策略迥然不同，如图 6-4 所示。

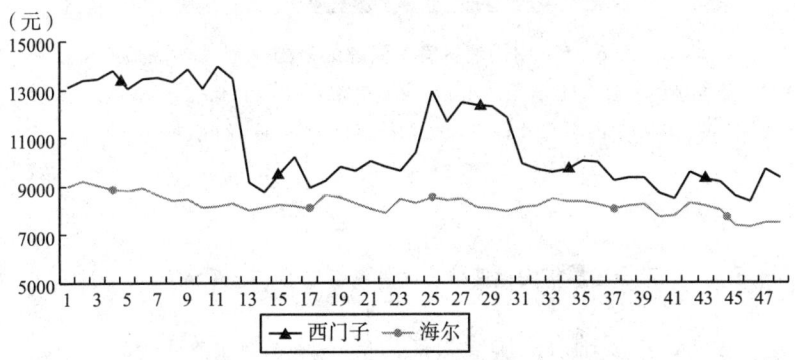

图 6-4　海尔和西门子对开门冰箱价格对比

资料来源：CMM，作者绘制。

6.5.2　外资品牌群以价格高端化作为品牌定位的策略

6.5.2.1　消费结构升级推动外资品牌高端化

从消费观念和生活方式看，城市化进程提速，生活节奏加快；城乡居民人均收入增加；"80后"成为主力消费人群，是中国式趋优消费的主要动因；从家电需求本身而言，房地产市场高速发展；全球化带来的欧美、韩日文化盛行并渗透到家居生活领域，是中国冰箱行业产品线向中高端偏移的主要拉力。因此，我们可以将外资品牌高端化视为其适应消费结构升级的主动选择。

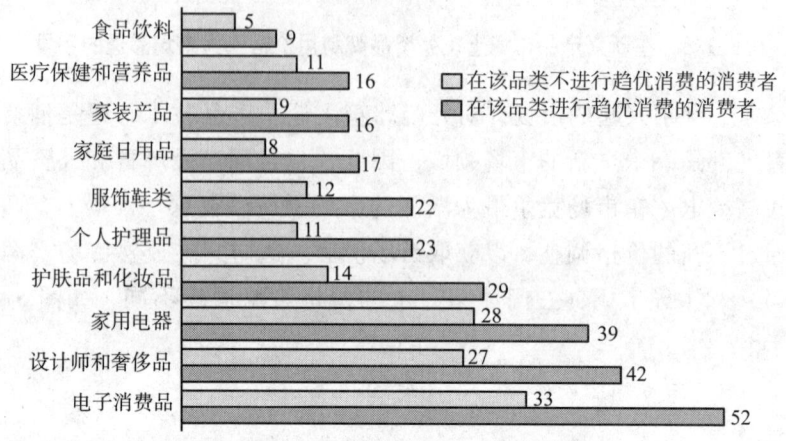

图 6-5 中国消费者更青睐的外国品牌（%）

注：受访者可以表明自己喜欢国外品牌或本土品牌，也可以保持中立态度。

资料来源：BCG 中国消费者行为量化调研（2007 年对 12 座城市 3750 名消费者的调查）。

6.5.2.2 市场容量扩大促使外资品牌高端化

一方面，由于国产品牌学习能力的不断增强，外资品牌产品残值释放的过程加速，新产品迅速通过国产品牌的吸收转化成为普及产品，产品同质化趋势加快。另一方面，国产品牌利用在市场拓展和渠道渗透方面的优势，加之更高的性价比，将新产品的市场容量不断扩大，从而进一步将外资品牌的市场份额稀释。在此背景下，外资品牌群通过渠道下沉获取市场份额的成本非常大。因此，通过品牌溢价实现高端化是其获取市场利润的最佳方式。这也是外资品牌在中国这个世界上最大的多元化市场上竞争的被迫选择。

通过过去 12 年中外品牌群平均单价对比，我们发现，2002 年，外资品牌与国产品牌之间的价格差不到 500 元。而到了 2009 年，已扩大至 2000 元。

从图 6-6 可见，2004 年，中外品牌的平均单价均达到最低点。也正是在这一年，外资品牌群的市场份额达到历史最高水平。而与此同时，CR_4 与 CR_8 同时下降，市场结构开始进一步朝松散型过渡。

第6章 品牌分异度及其对市场结构的影响研究

表6-1　主要中外品牌平均单价走势（1998~2009年）

单位：元

	价格离散度	1998年	1999年	2000年	2001年	2002年	2003年	2004年	2005年	2006年	2007年	2008年	2009年
海尔	745	2873	2640	2573	2530	2465	2415	2128	2381	2548	2621	2709	2821
容声	883	2643	2364	2153	1997	1944	1761	1781	1927	2035	2161	2203	2269
新飞	818	2596	2296	2131	2001	1777	1745	1739	1906	2074	2111	2162	2127
美菱	639	2276	2101	2033	1975	1816	1674	1637	1833	1980	2036	2030	2177
海信	468				2080	1803	1810	1697	1761	1919	2023	2006	2165
美的	882					1643	1428	1325	1435	1751	1918	1981	2207
荣事达	1688	3315	3130	2524	2055	1807	1629	1627	1735	1867	1958	2105	2120
小天鹅	2188	3478	2386	2105	1887	1691	1383	1291	1530	1710	1808	1806	
科龙	1330	1965	3258	3295	2887	2822	2598	2337	2268	2745	2527	2364	2252
西门子	957	3913	3413	3469	3287	3051	3101	2956	2997	3299	3486	3631	3777
博世	709								3571	3481	3670	3865	4190
伊莱克斯	1082	2882	2909	2721	2598	2443	2373	2327	2496	2656	2767	2946	3409
LG	5439	7576	4240	2256	2150	2137	2295	2463	3288	3736	4840	5494	5344
三星	2674	2114	2004	1855	1821	1918	2242	2619	3794	4251	5112	5031	5430
松下	1719	3801	3501	3589	3410	2901	2618	2488	3102	3149	3471	3843	4207
东芝	2253	3965	3685	3842	2605	2571	2573	2384	2421	2764	3303	4196	4637
其他	920	2466	2173	2099	1945	1822	1863	1668	1598	1879	1977	2588	2522

资料来源：CMM，作者绘制。

市场结构的品牌经济分析

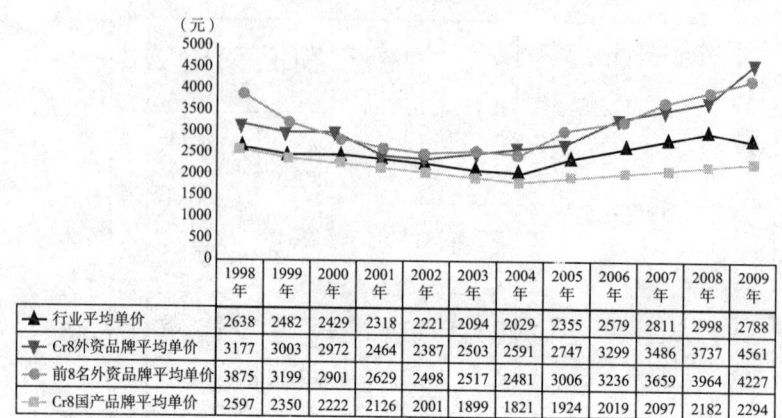

图 6-6 中外品牌群平均单价对比（1998~2009 年）

资料来源：CMM，作者绘制。

同时，我们还可以发现，4个外资品牌群的最高平均单价的年份出现在最近两年。国产品牌群中，只有2个品牌的最高平均单价出现在最近两年，且为2000年后才进入冰箱市场的新进入者。

从两大品牌集群的不同价格策略，可观察到不同的品牌定位意图：外资品牌试图通过不断地抬拉价格，集聚于中高端市场，扩大与国产品牌在定位上的差距。当然，在提高价格的过程中，也伴随着市场份额的损失。值得注意的是，外资品牌中的西门子，自2005年进入 CR_4 中的第二名后，始终稳据这一市场地位，并保持着"双高"（高市场份额，高平均单价）的竞争优势。对于国产品牌而言，则始终通过不断地价格渗透，获取更大的市场份额。

6.6 本章小结

通过上述研究，我们发现品牌作为一个重要因素影响着市场结构的变化。品牌竞争将成为未来主要的竞争方式。首先，外资品牌市场份额萎缩的同时却伴随着平均单价的不断上涨，表明外资品牌不再把市场份额的扩展作为首要市场目标，而是把品牌竞争作为主要手段，以品牌溢价获得超额利润,从而摆脱国产品牌"模仿+低价"策略的竞争。其次,价格差距日益扩大,表明外资品牌在实现对进入壁垒的突破后,正在试图重建在中国市场的品牌壁垒。因此,品牌竞争是决定中国电冰箱行业市场结构未来走势的关键因素。

第 7 章

品牌壁垒及其对市场结构的影响研究

7.1 看到的现象

1. 作为进入者,外资品牌进入时中国电冰箱市场行业进入壁垒失效。

中国电冰箱行业历来被看作是市场化程度最高,竞争也最为激烈的行业,拥有一大批产能充沛、技术完善的企业。从 20 世纪 90 年代初期开始,电冰箱行业的市场集中度不断提高。这一上升势头一直持续到 90 年代末,至 1999 年时,CR_4 达到 77.3%,CR_8 达到 96.2%。同时,这一时期也是跨国公司大举进入中国最为密集的时期。1996 年前后,主要外资家电品牌进入中国电冰箱市场。①

从在位企业数量看,1995~2002 年 8 年间,中国电冰箱经历了一次产业整合,在位企业从最高时的 207 家(1997 年)下降至最低时的 54 家。2000 年后,稳定在 60 多家。从产能供给方面看,中国电冰

---

① 20 世纪 90 年代中期,跨国电冰箱制造企业纷纷进入中国市场。1992 年,夏普株式会社与广电集团合资;1995 年,松下电器与无锡小天鹅集团合资;美国惠尔浦公司与北京雪花电器合资;三星株式会社与苏州香雪海电器合资;LG 与泰州春兰合资;1996 年,美泰克与荣事达合资;德国博世—西门子家电集团与扬子集团合资;1997 年,瑞典伊莱克斯与长沙中意电器集团合资。至此,全球主要家电制造企业均以合资的方式进入中国市场。

箱产量占世界总产量比重逐年上升。截至 2002 年，中国电冰箱已占全球总产量的五分之一以上，如表 7-1。

表 7-1   1995~2002 年中国电冰箱行业在位企业数量与年产量

单位：万台

年份	1995	1996	1997	1998	1999	2000	2001	2002
厂商（家）	182	191	207	92	54	65	67	63
年产量	918	979	1044	1060	1210	1279	1351	1598
全球年产量	6300	6400	6600	6800	7000	7200	7300	7500
占比（%）	14.6	15.3	15.8	15.6	17.3	17.8	18.5	21.3

资料来源：①杨蕙馨：《企业的进入退出与产业组织政策——以汽车制造业和耐用消费品制造业为例》，上海三联书店 2000 年版，第 177 页；②江小涓：《经济转轨时期的产业政策——对中国经验的实证分析与前景展望》，上海三联书店、上海人民出版社 1996 年版，第 120~139 页；③《中国统计年鉴》（1995~2002 年）。

按照美国经济学家贝恩的市场结构划分理论，当时中国电冰箱行业已经处于高度集中寡占型（寡占Ⅱ型）市场，行业进入壁垒极高。但 1998 年以后，通过合资方式实现了本土化的外资品牌借助在品牌、技术等方面优化组合的强大实力，对国产品牌造成了巨大的冲击。2003 年，市场排名前 16 名的品牌中，6 个外资品牌群以 30.58% 的市场份额达到历史最高值。从中外品牌群的对比看，1998~2004 年，外资品牌群有 4 个进入 CR_8（伊莱克斯、西门子、LG、三星），其中连续 4 年（2001~2004 年）有 1 个外资品牌（伊莱克斯）进入 CR_4。面对外资品牌的进入，中国电冰箱行业的进入壁垒失效。

2. 作为在位者，外资品牌通过品牌组合重构行业进入壁垒。

跨国家电公司进入中国市场后，迅速通过并购、独资等各种手段排挤和清除国内品牌，扬子、香雪海、中意、雪花、伯乐等一大批知名国产冰箱品牌从市场上销声匿迹。同样的现象在日化、啤酒等行业也普遍存在。[1]

与此同时，跨国公司通过品牌在产品空间上重建进入壁垒，使得新进入者难以找到足够的产品空间，挤入已有的产品空间必须付出比在位厂商更高的成本；而在位厂商的多样化产品和品牌组合可以进行风险成本的转移，在新进入者进入时采取灵活的竞争手段阻止进入。例如，美国宝洁公司于1988年进入中国市场，长时期处于市场主导地位，市场份额持续第一。宝洁公司利用"海飞丝"、"飘柔"、"潘婷"、"沙宣"等多品牌战略形成了产品差别化壁垒。品牌之间既有竞争又有自己的特色，具有协同保护功能。潜在进入者想在这些多种品牌交织的特性空间找到获利的需求空间非常困难，多品牌交织对产品特性空间的占据使新进入者的渗透成本很高。这些案例促使我们从品牌的角度思考国产品牌与外资品牌的竞争与进入壁垒问题。

7.2 问题的提出

上述现象让我们产生疑问：高集中的市场结构没有对外资品牌构成进入壁垒，失效的原因何在，以及外资品牌作为新进入者跨越行业进入壁垒的竞争优势是什么？

哈佛学派的代表人物贝恩（Bain，1956）作为进入壁垒研究的开创者，将厂商竞争优势归纳为绝对成本优势、产品差别化优势和规模经济优势等。芝加哥学派的斯蒂格勒（Stigler，1968）认为"进入壁垒是一种生产成本（在某一个产出水平上），这种成本是一个产业的新进入厂商必须负担，而在位厂商无需负担的"。在斯蒂格勒看来，进入壁垒就是规模经济，是新进入者明显高于在位企业的成本，而将产品差异化、更高的定价等需求条件，均视为规模经济的一个因素或

---

[1] 据统计，啤酒产业中，年产超过500万吨的企业合资率超过70%，使用外方品牌的超过一半。在外资企业并购的大潮中，曾经耳熟能详的民族品牌，如活力28、熊猫洗衣粉、扬子冰箱、红梅音响、北冰洋碳酸型饮料等都被外企打入了冷宫。

第7章　品牌壁垒及其对市场结构的影响研究

来源。因此，具有规模经济的优秀企业比普通企业具有更低的长期平均成本。可竞争市场理论（Baumol，1981）对进入壁垒的定义与施蒂格勒的定义本质上也雷同，认为在位厂商拥有的成本优势是高效率的结果，其进入壁垒主要强调沉没成本，并且是造成进入壁垒的根本原因。

另一方面，跨国公司进入东道国市场的理论背景是在经济全球化和产业国际化条件下提出的。凯夫斯（Caves，1977）、波特等探讨进入壁垒时，将触角扩展到了全部的可流动生产要素，并提出了流动壁垒概念。邓宁、巴克利（Buckley）等把产业市场的进入壁垒引入到了国际经营管理理论领域，提出了国际化企业实现跨国进入的内部和外部壁垒概念。这些理论可以视作为开放经济条件下的产业组织理论。尽管不同学派对进入壁垒有不同的分析，但这些理论有一个共同点，就是将进入壁垒视为厂商间存在的不对称优势。但是，在已经具有规模经济条件的产业（如本章第一节所提到的中国电冰箱行业），并不具有规模经济优势的新进入者（通过合资进入市场的国际家电品牌）是如何突破进入壁垒，获取市场份额的扩大呢？

目前，国内学者对于中国产业进入壁垒与跨国公司进入问题的讨论文献，主要是基于国际贸易角度的跨国经营理论或战略管理角度的竞争优势理论，对跨国公司进入中国市场及其竞争优势进行理论研究与实证分析。如在折衷范式下（邓宁，1976），刘刚、李锋（2008）认为，跨国公司在华竞争战略的优势通过在于整合供应链管理，实现总成本领先。但冼国明等（2002）在对外资控股国有企业问题研究中通过德国博西华家电公司并过扬子电器的案例说明了跨国公司在中国市场同样面临着"学习曲线"问题。周勤、陈柳（2004）从技术转移角度分析跨国公司与东道国厂商之间的技术差距问题。从产业组织理论角度而言，集中度与进入壁垒正相关的必要条件是存在产品差异化。但从外资企业进入中国市场的方式看，主要是以合资的形式进入。如伊莱克斯与长沙中意冰箱合资利用其生产线，并购南京伯乐冰箱厂的目的，也是基于扩大产能。也就是说，从外资品牌与国内冰箱制造企业合资的最初几年，外资品牌在产品差异化上并不具有明显优势。[①]

本书提出了一个与上述理论不同的分析视角。本书认为，在商品过剩和宏观产业政策一定的条件下，生产领域中的非对称优势将会被迅速模仿和扩散，最终失去壁垒作用。而基于消费者选择行为的品牌机制，将成为一种新的壁垒形式，即品牌壁垒。

在品牌经济学范式下，孙曰瑶、刘华军定义了基于选择成本的品牌概念。在此基础上，刘华军通过研究国际贸易壁垒的发展趋势提出了品牌壁垒的概念。他认为，品牌壁垒的产生是由于在一国的产品抵达他国之前，他国已经存在很多在位品牌，而且往往他国的消费者已经对这些在位的品牌形成了一定程度上的消费习惯和品牌认知，因此要使他国的消费者由购买在位品牌转向购买新进入的品牌，则需要克服消费者心理上的认知，而这又是困难的，因为消费者转换品牌过程中存在着转换成本 C_s，理性的消费者在利益一定条件下，将不会选择新品牌，这种由在位品牌带来的消费者的心理认知就构成了品牌壁垒。

刘华军（2009）提出的品牌壁垒概念，主要是从选择成本对消费者选择行为带来的影响及由此带来的转换成本 C_s，突出的是在位品牌基于"占先"优势的壁垒作用。本书则进一步研究品牌机制对厂商行为的影响：除产品的生产成本外，产品转化为商品的过程也存在着成本，较低的选择成本 C_c 将在厂商内部形成较高的生产转化效率。因而，强势品牌的竞争优势也可以表现为"成本"优势。由规模经济构筑的进入壁垒，可能会被具有较强生产转化效率的品牌突破。

[①] 近年来，外资品牌已经成为了中国电冰箱行业的在位者，由于供应链的本土化，产品差异化的客观方面几乎不明显。

7.3 产品分配效率与品牌壁垒

对于厂商而言，产品成本来自两个方面，一方面来自产品的生产过程，另一方面来自产品的流通和分配过程。生产的转换率可以表示为 Q^d/Q^y，其中 Q^y 为产量，Q^d 为转化为实际需求的商品。在新古典经济学理论中，由于交易费用和选择成本为零，产品市场是出清的，即 $Q^d/Q^y = 1$。但是，在现实经济世界中，交易费用与消费者选择成本制约着产品分配的效率。在品牌机制的作用下，企业可提高生产转化效率，获得与规模经济相似的效果。

下面，对品牌机制实现生产转化效率进行具体分析。

7.3.1 品牌机制与产品分配效率

假设消费者处在一个产品过剩的市场，消费者在做出消费决策之前的选择过程中存在选择成本 C_c[①]；同时假设在一定时期内企业的最大可能生产效率是稳定不变的，即已经达到规模经济。此时，厂商产量 Q^y 存在着转化为市场实际需求 Q^d 的问题，即 $Q^d/Q^y \leq 1$。厂商追求转换率的最大化，就需要进行销售努力，从而也会形成成本。

选择成本是消费者在选购过程中的"付出"。在价格一定的条件下，如果一个品牌的信用度极高，就能够有效地降低消费者在选择过程中的选择成本，而选择成本降低，就能增加消费者的需求量，从而促进产品分配，提高企业产品流通与分配的效率。产品分配数量 Q^d 与品牌信用度 B 之间的函数关系 $Q^d = f[P, C_c(B)]$ 具有 $\dfrac{\partial Q^d}{\partial B} = \dfrac{\partial Q^d}{\partial C_c}$ ·

---

① 在短短十多年时间里，中国家电行业从短缺到过剩快速转化。从 1996 年以后的中国电冰箱市场需求看，20 世纪 90 年代后期我国冰箱生产能力已达 2300 万台，实际产量已达 1000 万台以上，而市场需求仅为 800 万台。

$\frac{\partial C_c}{\partial B} > 0$ 的基本性质,即品牌信用度 B 越高,则产品分配数量 Q^d 就越多。

在品牌信用度高的情况下,厂商可以节省两方面的成本:在相同产量下,产品分配比例提高,节省了销售努力的费用,产能得到充分释放,$Q^y/Q^d \to 1$,产生规模经济。然而,必须注意到,品牌机制不是通过生产要素的持续追加来实现产品专业化经济,而是通过降低消费者的选择成本,产品被迅速地分配到消费领域,使得具有品牌效应的企业获得了更高的产品分配效率,实现了平均成本曲线的下移,如图 7-1 所示。

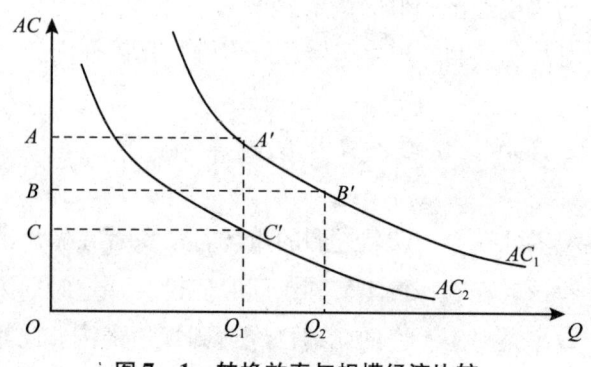

图 7-1 转换效率与规模经济比较

资料来源:作者绘制。

图中,在平均成本曲线 AC_1 上,产量从 Q_1 扩大至 Q_2,平均成本从 OA 降低至 OB,反映了技术方式带来的规模经济。与此相对照,在产量相同的条件下,由于品牌机制带来了生产转化效率的提高,在生产要素不改变的情况下,实现了平均成本从 OA 降低至 OC。因此,从厂商角度而言,在技术相同条件下,品牌壁垒来源于品牌机制带来的更高的转化效率。

7.3.2 "品牌信用度—选择成本—市场需求—分配效率"模型

下面,我们从品牌经济学所构建的"品牌信用度—选择成本—市场需求—分配效率"的四维模型(Brand Credit Degree-Choice Efficiency-Demand Quantity-Effective Production Efficiency Model,BCDE 模型),来说明这四者之间的关系。

品牌信用度与选择成本之间的关系可以用如下函数形式描述:

$$C_c = f(B) \qquad (1)$$

该函数满足 $\frac{\partial C_c}{\partial B} < 0$,即选择成本与品牌信用度呈反向变动关系,品牌信用度越高,该品牌就越能降低消费者的选择成本。选择成本与需求量之间是一个反向变动关系,并且价格一定时,选择成本降低,那么需求曲线将会向外移动,同时变得更加陡峭。需求量与选择成本之间的函数关系如下:

$$Q^d = g(\overline{P}, C_c) \qquad (2)$$

在式(2)中 $\overline{P}$ 表示价格一定,需求量是消费者选择成本的函数。由于选择成本与市场需求之间是反向变动关系,则该函数应该满足条件 $\frac{\partial Q}{\partial C_c} < 0$,即选择成本越低,消费者对产品的需求也就越多。

当企业生产最大生产效率一定时,产品分配效率是市场需求的增函数,两者之间是正向变动关系:

$$CE = h(\overline{Q^y}, Q^d) \qquad (3)$$

在式(3)中 $\overline{Q^y}$ 表示企业的生产最大能力一定,函数关系应该满足条件 $\frac{\partial CE}{\partial Q^d} > 0$,即市场需求越大,企业的产品分配效率越高。

将(1)、(2)与(3)式联立,可以得到品牌信用度与转化效率之间的函数关系:

$$CE = \frac{Q^d[C_c(B), P]}{Q^y(K, AL)} \qquad (4)$$

从而，我们可以得到如下结论：

$$\frac{\partial CE}{\partial B} = \frac{\partial CE}{\partial Q^d} \cdot \frac{\partial Q^d}{\partial B} > 0 \tag{5}$$

由以上分析可知，品牌信用度与厂商产品的分配效率之间呈非线性关系，即，消费者对某一产品的品牌信用度的认知程度越高，该品牌产品的产品分配效率将越高。当品牌信用度 $B=1$ 的时候，厂商生产的产品将会全部销售出去，全部转化为有效产品，此时分配效率 $CE=1$；相反，该品牌产品的品牌信用度为零，即 $B=0$ 时，分配效率也为零，即 $CE=0$。

由以上分析可知，在其他条件相同的情况下，品牌信用度越高，产品的流通和分配效率越高，厂商所构筑的品牌壁垒越高；反之则越低。

图7-2直观描述了上述关系。

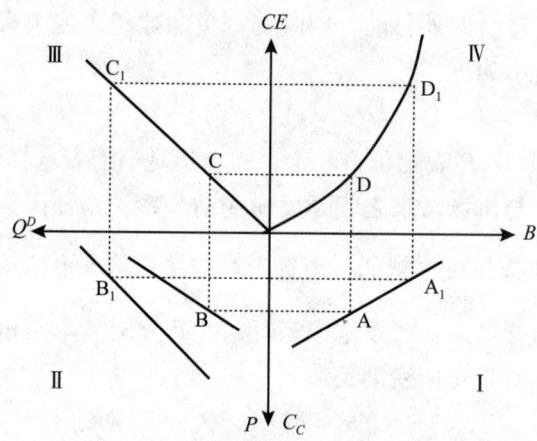

图7-2　"品牌信用度—选择成本—市场需求—分配效率"关系

资料来源：高宇：《选择行为的不确定性与厂商转化效率的品牌经济学研究》，山东大学博士论文。

由以上分析可知，在规模经济相同的条件下，品牌信用度越高，转换效率越高，厂商所构筑的品牌壁垒越高，反之则越低。

7.4 品牌壁垒的特点

从品牌壁垒的形成及其作用机理，我们可以看出，从厂商内部而言，品牌通过降低消费者的选择成本，提高了产品转化为商品的转化效率。因而，由品牌机制实现的进入壁垒，具有和规模经济相似的经济性。在规模经济相同的条件下，由于厂商市场份额扩大源于品牌机制而非"价格战"，因而可以在销售价格相同的情况下获得更大的销售量，从而获得更多的利润；从外部市场而言，品牌通过降低选择成本提高了消费者放弃该品牌而选择其他品牌的转换成本。从市场竞争策略性行为的角度，品牌壁垒具有强排他性和对立性。这种特性确保了厂商获取利润的长期性和稳定性。

7.4.1 品牌壁垒的经济性

新古典经济学理论中，消费者购买数量 Q 的外部因素主要是市场价格 P。在其他条件不变时，价格上升企业能够实现销售的数量 Q 则下降，反之价格下降销售的产品数量 Q 则上升，两者之间的关系为 $\frac{\partial Q}{\partial P} < 0$，如图 7-3 所示。

如前分析，在品牌选择阶段，在价格一定或已知的条件下，理性的消费者将倾向于选择那些选择成本较低的品牌。那么我们可以得出消费者的选择成本 C_c 与企业实现供给市场产品数量 Q 之间的关系为 $\frac{\partial Q}{\partial C_c} < 0$，如图 7-4 所示。

据品牌经济学原理，选择成本 C_c 是品牌信用度 $B(C_c)$ 的函数，且品牌信用度 = 品牌品类度 × 品牌策略。即：$Bc = b \cdot S$。品牌品类度表达了品牌对目标顾客承诺利益点的精确性，而品牌策略表达的是如何精确地做到或实现品类承诺。因此，厂商可以在不降低价格或者价

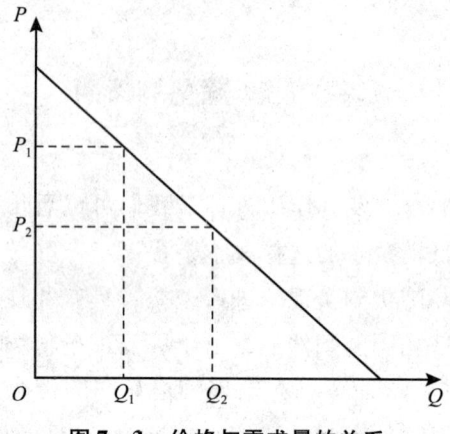

图 7-3 价格与需求量的关系

资料来源:孙曰瑶、刘华军:《品牌经济学原理》,经济科学出版社2007年版。

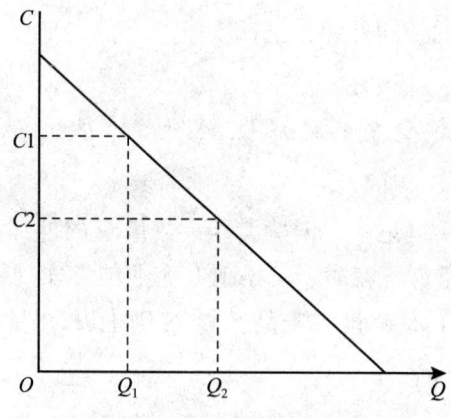

图 7-4 选择成本与需求量的关系

格相同的情况下,获得更大的市场份额。另一方面,如前所述,通过品牌机制提高生产转化效率,降低了产品转化为商品的成本,节约了厂商进行销售努力的费用。因此,与获取规模经济不同,不需要对生产要素进行持续追加。因此,在规模经济相同条件下,这意味着拥有品牌的厂商可以获得更多的利润,如图7-5所示。

第7章 品牌壁垒及其对市场结构的影响研究

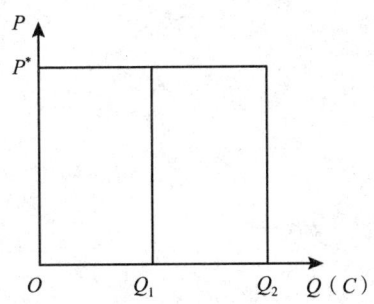

图7-5 价格相同下的需求量扩大

资料来源：作者绘制。

7.4.2 品牌壁垒的排他性

从外部市场分析，消费者在品牌选择过程中的选择成本 C_c 由品牌品类度 b 决定。因此，当某一品牌等同于某一产品品类时，拥有品牌的在位厂商的垄断地位就越稳固，潜在进入企业的进入难度也就越大。用一个简单的动态博弈的博弈树就可以看出品牌对潜在进入者的影响。

现实生活中，企业进入市场的行为选择有先后顺序之分，是一种"动态"的博弈。如图7-6所示，假设企业A为产业内在位企业，企业B是潜在进入企业。由于市场对产品需求有限，如果两家都进入这个产业，即同一细分市场中有两家供应商，产业利润就会被平分。当只有一个企业面向市场销售时，就可以售出全部，获得利润2个单位。假定B企业是在看到A企业决策后再决策是否进入。用博弈树来表示两个企业的博弈过程。

在"博弈树"的每一条"路径"的末端用向量给出A和B的支付，可以用"逆向归纳法"求解这个博弈。在B进行决策的2个"决策结"上，B在左边的决策结上选择"不进入"，而在右边的决策结上选择"进入"，即给定A通过品牌降低消费者选择成本，从而独占某一品类，B就不进入；给定A品牌品类度较低，B就进入，B应避免在A品牌独占某一品类后进入该细分市场更高的消费者选择成

市场结构的品牌经济分析

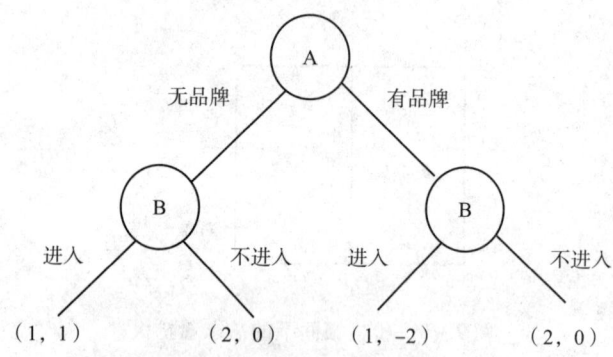

图7-6 动态品牌博弈的博弈树

资料来源：作者绘制。

本。在这种情况下，A在自己的决策结上当然选择"品牌"，因为他预计当自己选择"品牌"后，B会选择"不进入"，自己就净赚2个单位。最终的均衡解是（品牌，不进入）。在这里能确保B不会在A品牌进入该品类后进入的最重要原因是A品牌等同于品类。因此，如果某一品牌的品类需求度低，就会有潜在进入者通过模仿策略，轻松地进入该产业。在这种情况下，品牌制度下的市场进入壁垒就会降低，起不到应有的进入阻止作用。

7.4.3 品牌壁垒的对立性

根据品牌经济学的基本理论，品牌通过选择成本影响和制约消费者的品牌选择行为，"趋利避害"的理性消费者根据"利益一定条件下的选择成本最小化原则"进行品牌选择。同时，消费者在由品牌i转而选择购买品牌j的品牌转换过程中存在"转换成本"，该转换成本记入到转换后的品牌，即品牌j的选择成本当中。因此，在存在转换成本的条件下，选择成本函数可以改写如下：

$$Cc_j = f[b_j, Cs_j] = g(b_j) + Cs_j = g(\alpha b_i) + Cs_j = g(|\alpha|b_i) + Cs_j,$$
$$\text{其中，} i \neq j \tag{6}$$

各品牌之间的模仿程度由相似系数α决定，其中，$|\alpha| \leq 1$。

第 7 章　品牌壁垒及其对市场结构的影响研究

同时，我们假设，（1）先在位者不存在转换成本；（2）当消费者在不同品类之间转换时不存在转换成本。（事实上，我们也可以认为，当两个品牌的品类度截然相异时，消费者对这两个品类之间的选择如同在一只榔头和一根铁钉之间进行选择，当然也就不存在所谓的"转换成本"了。）

由此可以得证，只有当 $\alpha = -1$ 时，$Cc_j = Cc_i$，在其他情况下，均有 $Cc_j > Cc_i$。在此情况下，消费者出于选择成本最优化考虑，仍然会选择原在位品牌。换言之，在品牌 i 构建起品牌壁垒后，品牌 j 只能选择避免进入该市场，或者另外开辟"蓝海"，否则，将被消费者投票退出竞争。

7.5　若干现实解释

1. 为什么中国电冰箱市场，集中度紧凑且产能规模巨大却无法抵御外资品牌的进入？

首先，我们来解释本书发现的现象，中国电冰箱市场集中度紧凑，产能规模不断扩大，却无法抵御外资品牌的进入。在外资品牌进入之前，中国电冰箱行业已经经过了两轮整合和洗牌，第一轮是 20 世纪 80 年代末地方政府主导的进入和退出；第二轮是基于"价格战"的市场淘汰。由于厂商扩大市场份额的方式主要是利用价格机制，消费者在选择产品过程中的选择成本并未降低，因而也无法形成品牌意识和品牌忠诚。正是由于缺乏品牌壁垒，家电行业通常使用"价格战"作为扩大市场份额的手段。因而，在面对外资品牌进入时缺乏有效防御手段，而外资品牌在进入之初就十分强调其产品的原产地、技术和质量等品牌诉求，并通过品牌溢价获得更高的定价权。因而在国内产业缺乏品牌壁垒的条件下，"在一个成熟的高价位产品的产业里，品牌作用以提供无形利益为主，那么国外产品在这一领域一般拥有消费者对它较高的品牌忠诚。"

2. 为什么在中国日化市场，同为国际知名品牌的联合利华无法抢夺宝洁旗下品牌的市场份额？

作为世界两大日化消费品制造商，联合利华公司与宝洁公司在20世纪80年代中期重返中国市场。宝洁采用的是典型的多品牌战略，如宝洁的洗发水，目前市场上，有飘柔、海飞丝、潘婷、沙宣等等，都是以独立品牌出现的，分别代表不同品类的洗发水（飘柔诉求"柔顺"、海飞丝诉求"去屑"、潘婷诉求"滋养"）。这三个品牌分别吸引三类不同需求的消费者，从而使得它在中国的洗发水市场占有率上升至第一位，达50%以上。在多品牌战略模式中，只要任何一个品牌满足 $b \rightarrow 1$ 的条件，就能保证企业能够实现持续增长。如果所有的品牌都能满足这个条件，企业理所当然能持续增长。目前，中国宝洁已成为其全球业务增长速度最快的区域市场之一，宝洁中国的销售量居宝洁全球区域市场的第2位，销售额也已居前5位。而联合利华公司的力士、夏士莲、多芬、清扬等洗发水品牌由于缺乏单一化的品牌诉求，也没有采用品牌对立策略（如霸王的中药去屑概念），其品牌信用度较低而转换成本较高，因而无法突破宝洁由多品牌构筑起的品牌壁垒。

3. 为什么作为"世界工厂"的中国运动鞋制造厂商业，无法进入欧美主流运动鞋市场？

福建晋江，一个小小的县级市，拥有3000多家鞋厂，从业人员超过35万人，制鞋业年产值超过百亿元，60%以上的鞋厂生产运动鞋、旅游鞋、休闲鞋，年产量5亿双，年出口达4亿双。产量占全国四分之一以上，占全世界的七分之一。但是，在世界十大运动鞋品牌中，没有一个中国品牌。[①] 由于无法跨越欧美市场的品牌壁垒，规模经济和产业集群带来的制造优势只能为国际品牌提供代工服务。

提高进入壁垒是实现产业结构升级的重要方面，但在产品同质和信息过剩条件下，规模经济无法构筑起真正意义上的行业进入壁垒。

---

① 世界十大运动鞋品牌为：耐克（Nike，美国）、阿迪达斯（Adidas，德国）、锐步（Reebok，英国）、彪马（Puma，德国）、匡威（Converse，美国）、新百伦（New Balance，美国）、盖世威（K-swiss，美国）、爱世克斯（Asics，日本）、Hi–Tec（英国）。

第 7 章　品牌壁垒及其对市场结构的影响研究

本书运用品牌经济学一般原理，将进入壁垒的研究从厂商转向消费者。品牌作为消费者选择符号，具有持久性和排他性，一旦成功地构筑起品牌壁垒，新进入者在进入该行业时将面临巨大的转换成本。因而，由品牌构筑起来的壁垒对于防止进入者也更为持久更为有效。

在代工模式下，中国制造业经过 30 多年的发展成为"世界工厂"。在从"中国制造"向"中国创造"的转变过程中，品牌升级是一个很重要的环节或者是一个升级的路径。在中国市场，国产品牌只有加大品牌建设的力度，提高品牌的知名度和美誉度，才能有效抵御外资品牌的侵蚀。在"走向世界"的过程中，中国企业面临着发达国家的种种壁垒，如技术、法律、专利等。但是，欧美跨国企业在本土构筑的品牌壁垒才是最难逾越也是最终需要面对的进入壁垒。本书的研究为中国企业的海外战略也提供了借鉴。

7.6　本章小结

传统产业经济学研究的进入壁垒一般基于厂商在生产领域里的非对称优势壁垒，如规模经济、产品差异化等；或制度性壁垒，如政策、法律等。但是，在规模经济和宏观产业政策一定的条件下，生产领域里的非对称优势和制度性因素都无法真正成为阻碍厂商进入的壁垒。在面对具有品牌优势的进入者时，有高集中度而无高品牌壁垒的行业无法形成有效的进入壁垒。本书进一步认为，产品转化为商品的过程也存在着成本，而由选择成本决定的品牌机制，可以提高产品转化率，在厂商内部实现转化效率，从而获得非对称优势。在商品过剩及消费者选择条件下，由品牌构筑起的进入壁垒将成为厂商竞争最重要的壁垒形式之一。

第 8 章

简要总结及研究展望

8.1 简要总结

由孙曰瑶等开创的"选择成本分析范式"(Choice Cost Paradigm),是整个品牌经济学(Brand Economics)的范畴。在这一范式下,"构建出品牌的一般的经济理论框架,此为价格理论的拓展与应用。"[1] 本书将其基本原理、方法应用到产业分析的一个重要内容——市场结构的研究中,或称为市场结构的品牌经济分析。本书的研究既是对现有市场结构理论在范畴上的拓展,也是品牌经济学理论在产业研究上的应用。

"产业是介于微观经济组织和宏观经济组织之间的'集合概念'"[2]。市场结构的品牌经济分析,是在消费者选择理论、厂商理论等微观基础上,把品牌因素纳入到对厂商之间、厂商与消费者之间的关系和影响的研究中,构建了品牌经济学理论下的市场结构分析框架。

首先,在深入考察厂商市场竞争在现实经济中的具体表现形式

---

[1] 刘华军:《品牌的经济分析》,山东大学博士论文,2008 年,第 199 页。
[2] 刘志彪、王国生、安国良:《现代产业经济分析》,南京大学出版社 2009 年版,第 1 页。

之后，应用品牌经济学已经建立起来的品牌需求函数，引入品型需求系数，重新构建了一个描述市场结构特征的指标——品牌集中度。并运用这一模型的构造特点和影响因素对市场结构演进的可能性进行了分析。

其次，在第 4、5、6 章三章中，本书逐一分析了品牌价格需求弹性、品牌分异度和品牌壁垒等因素及其对市场结构的影响。我们发现，在商品过剩条件下，消费者选择行为，以及由此产生的选择成本 C_c 是影响厂商市场份额、品牌分异和市场进入的重要因素。由此，消费者选择行为对市场结构的形成和演进起到了至关重要的作用。这一发现，填补了市场结构理论中"消费者缺位"的局限，将研究的重点从厂商转向了消费者。同时，在实践上，对于厂商运用品牌或品牌组合策略具有现实的指导意义。

最后，本书给出了一个简单的市场结构决定的品牌经济模型，其公式为：品牌集中度 = F（品牌需求弹性；品牌分异度；品牌壁垒）。这就初步建立了品牌经济学范式下分析市场结构研究的框架，为后续研究奠定了基础。

总之，本书是在经济学的概念箱子中加进"选择成本"这个新的理念、范畴，建构出一个新的概念箱子，从这个意义上说，本书的研究能够为经济学研究尤其是品牌经济学的研究开拓出一个新境界。

8.2 研究展望

本书对市场结构进行了系统的品牌经济分析，基本建立起品牌经济学理论下的市场结构分析框架。尽管如此，对相关问题的研究还显得不够深入与细致，毕竟品牌经济学是一门新兴的应用经济学科，未来的深入、继续研究可以从以下几个方面展开：

一是在未来的研究中，沿着本书构建的市场结构品牌经济分析框架，深入研究各个决定因素之间的相互影响关系。本书在"选择成本范式"下提出的品牌集中度、品牌分异度、品牌壁垒，是具有创造性的，深化这一课题的研究，将丰富经济学理论的发展。

二是进一步拓展对市场结构进行品牌分析的行业范围，特别是品牌竞争激烈、多品牌现象普遍存在的行业，如饮料、日化（洗发水、洗衣粉、牙膏等）、家用轿车，以及家用电器中的其他产品（如彩电、洗衣机等）。笔者认为，只有通过对众多行业/市场的持续研究，获得经验性数据积累，才能更好地反映和总结在品牌因素影响下的市场结构特征与决定。并在此基础上，获取在品牌视角下市场结构类型的划分依据。

三是深化对消费者选择行为的研究。具体来说，就是对中国不同区域（分省、分城市）消费者购买产品的选择标准进行细化并做相应的因子分析，并把不同地区消费者选择行为的共同点和差异性放在更为宏观的经济发展背景下予以考察。品牌现象是市场经济发展到一定阶段的产物。中国自改革开放以来短短30多年间，居民消费经历了从短缺到过剩的巨大转变，人们的购物观念、消费倾向均发生了根本性的变革。消费理性的提升、品牌意识的增强、消费层次的升级和多元化，是这一时期消费者行为的主要特征。运用品牌经济学的基本原理、方法和分析框架，研究经济变迁过程中的消费者行为及品牌发展趋势，将是一个极具理论和实践价值的课题。

参 考 文 献

[1] Anderson, Eugene W., Customer Satisfaction and Price Tolerance, Marketing Letters, 1996.

[2] Ames J. Anton and Gopal Das Varma, Storability, Market Structure, and Demand-Shift Incentives, Autumn 2005, Volume 36, No. 3, 520 – 543.

[3] Aaker & Keller, Consumer Evaluation and Brand Extension, Journal of Marketing, 1990 (54): 27 – 41.

[4] Bain J. S., Industrial Organization, New York: John Wiley & Sons, Inc., 1959.

[5] Bain, J. S. and Qualls, P. D., Industrial Organization: A Treatise, London: Jai Press Inc., 1987.

[6] Baumol W., Panzer. J. and Willing R., Contestable Market and the Theory of Industry Structure, Harcout Brace Jovannovch, 1982.

[7] Blattberg, R. C., Neslin, S. A., Sales Promotion Concepts, Methods, and Strategies, New Jersey: Prentice-Hall, 1990.

[8] Clark J. M., Toward a Concept of Workable Competition, The American Economic Review, 241 – 256.

[9] Cooper, P., "The Begrudging Index and the Sugjective Value of Money", in Taylor, B., Wills, G., Pricing Strategy, London: Staples Press Ltd., 1968: 122 – 131.

[10] Danaher, P. J, R. J. Brodie, Understanding the Characteristics of Price Elasticity for Frequently Purchased Packaged Goods, Journal of Marketing Management, 2000, 16: 917 – 936.

[11] Dodsons, J. A., Tybout, A. M., Sternthal, B., "Impact of Deals and Deal Retraction on Brand Switching", Journal of Marketing Research, 1978, 15 (1): 72 –81.

[12] Fornell, Claes, Robinson, William T., Industrial Organization and Consumer Satisfaction/Dissatisfaction, Journal of Consumer Research, 1983.

[13] F. M. Scherer, Industrial Market Structure and Economic Performance, Chicago, 1970, Rand-McNally.

[14] Friedman, M., The Methodology of Positive Economics, Essays in Positive Economics, University of Chicago Press, 1953.

[15] Gale, B. T., 1972, Market Share and Rate of Return, Review Economics Statist, 54, 412 –423.

[16] Gardner B., Levy J., The Product and Brand, Harvard Business Review, 1955 (3 –4): 33 –39.

[17] Herbert A. Simon, New Developments in the Theory of the Firm, The American Economic Review, Vol. 52, No. 2 (May, 1962).

[18] Ghosh. A. S., A. Neslin, R. W. Shoemaker, Are There Associations between Price Elasticity and Brand Characteristics, Murphy. P. E., E. R. Laczniak, AMA Educators' Conference Proceedings, Chicago: American Marketing Association, 1983: 226 –230.

[19] Hamilton W., R. East, S. Kalafatis, The Measurement and Utility of Brand Price Elasticity, Journal of Marketing Management, 1997, 13: 285 –298.

[20] H. Demsetz, Industrial Structure, Market Rivalry, and Public Policy, Journal of Law and Economics, 1973, 16 (1).

[21] James D. Dana, Jr., Equilibrium Price Dispersion under Demand Uncertainty: The Roles of Costly Capacity and Market Structure, RAND Journal of Economics, Winter 1999, Volume 30, No. 4, 632 –660.

[22] John Robinson, The Economics of Imperfect Competition, Lon-

参考文献

don: Macmilliar, 1933, reprinted 1955, 180 – 181.

[23] J. R. Shackleton and G. Losksley, Twelve Contemporary Economists, MaCmillan Press, 1987, 221.

[24] Keller K. L. , Strategic Brand Management, New Jersey : Prentice Hall , 2003.

[25] Kellie Curry Raper, H. Alan Love and C. Richard Shumway, Distinguishing the Source of Market Power, American Journal of Agricultural Economics, Vol. 89, No. 1 (Feb. , 2007), 78 – 90.

[26] Mason E. S. , Price and Production Policies of Larger-Scale Enterprise, The American Economic Review, Suppl. 29 (1939), 61 – 74.

[27] Michael J. Mazzeo, Product Choice and Oligopoly Market Structure, RAND Journal of Economics, Summer 2002, Volume 33, No. 2, 221 – 242.

[28] Milton Friedman, The Methodology of Positive Economics, Essays in Positive Economics, University of Chicago Press, 1953.

[29] Mulhern F. J. , J. D. Williams, R. P. Leone, Variability of Brand Price Elasticity Across Retail Stores: Ethnic, Income, and Brand Eeterminants, Journal of Retailing, 1998, 74 (3): 427 – 446.

[30] Otto Toivanen and Michael Waterson, Market Structure and Entry: Where's the Beef? Autumn 2005, Volume 36, No. 3, 680 – 699.

[31] Porter, M. , Competitive Advantage: Creating and Sustaining Superior Performance, New York: The Free Press, 1985.

[32] R. H. Coase , Marshall on Method, Essay on Economics and Economists, University of Chicago Press, 1994.

[33] Robert D. A. Buzzell and Bradley T. Gale, The PIMS Principles: Linking Strategy to Performance, Free Press, 1987.

[34] R. Triffin, Monopolistic Competition and General Equilibrium Theory, Harvard University Press, 1941 (17).

[35] Sawyer. M. C. , On the Specification of Structure Performance Relationships, European Hougton-mifflin, 1982.

[36] Scherer F. M. , Industrial Market Structure and Economic Performance, Chicago, Rand-McNally, 1970.

[37] Schelling T. C. , The Strategy of Conflict, Cambridge, Mass: Harvard University Press, 1960.

[38] Schuman D. R. , Petty E. , Cacioppo T. , Communication and Persuasion, New York: Springer-Verlag, 1986.

[39] Steven T. Berry, Estimating Discrete-Choice Models of Product Differentiation, RAND Journal of Economics, Summer 1994, Volume 25, No. 2, 242 - 262.

[40] Steven Klepper and Elizabeth Graddy, The Evolution of New Industries and the Determinants of Market Structure, Spring 1990, Volume 21, No. 1, 27 - 44.

[41] Stigler G. J. , The Organization of Industry, Illinois, Irwin, 1968.

[42] Stigler, George J. , The Division of Labor is Limited by the Extent of the Market, The Journal of Political Economy, Vol. 59, No. 3 (Jun. , 1951).

[43] Takeo Nakao, Product Quality and Market Structure, RAND Journal of Economics, Spring 1982, Volume 13, No. 1, 133 - 142.

[44] Tirole J. , The Theory of Industry Organization, Massachusetts Institute of Technology, 1988.

[45] William G. Shepherd, The Treatment of Market Power, New York: Columbia University Press, 1975; F. M. Scherer and David N. Ross, Industrial Market Structure and Economic Performance, 3nd ed (Boston: Houghton Miffin, 1991).

[46] 阿克:《管理品牌资产》, 机械工业出版社 2006 年版。

[47] 阿克:《品牌组合战略》, 中国劳动社会保障出版社 2005 年版。

[48] 阿克:《创建强势品牌》, 中国劳动社会保障出版社 2004 年版。

参考文献

[49] 埃格特森：《新制度经济学》，商务印书馆1996年版。

[50] 保罗·萨缪尔森：《经济分析基础》（增补版），东北财经大学2006年版。

[51] 巴里·施瓦茨：《无从选择：为何多即是少》，凌伟文译，中国商务出版社2005年版。

[52] 贝克尔：《人类行为的经济分析》，上海三联书店、上海人民出版社1995年版。

[53] 曹建海：《我国汽车工业过度竞争实证分析》，载于《中国工业经济》1998年第12期。

[54] 丹尼斯·W·卡尔顿、杰弗里·M·佩洛夫：《现代产业组织》，中国人民大学出版社2009年版。

[55] 多纳德·海、德理克·莫瑞斯：《产业经济学与组织》，经济科学出版社2001年版。

[56] 蔡宏标、张耀辉：《对我国彩电企业的进入退出与产业组织政策研究》，载于《生产力研究》2006年第6期。

[57] 道格拉斯·C·诺思：《制度、制度变迁与经济绩效》，上海三联书店1994年版。

[58] 道格拉斯·C·诺思，钟正生、邢华等译：《理解经济变迁过程》，中国人民大学出版社2008年版。

[59] 道格拉斯·C·诺思：《经济学史中的结构与变迁》，上海三联书店1994年版。

[60] 道格拉斯·C·诺思：《制度变迁和经济增长》，《现代制度经济学》，北京大学出版社2003年版。

[61] 道格拉斯·C·诺思、托马斯：《西方世界的兴起》，华夏出版社1999年版。

[62] 杜传忠：《寡头垄断市场结构与经济效率》，经济科学出版社2003年版。

[63] 邓肯：《整合营销传播：利用广告和促销建树品牌》，中国财政经济出版社2004年版。

[64] 傅耀、颜鹏飞：《西方经济学方法论的演变和最新发展》，

载于《国外社会科学》2003年第2期。

［65］弗兰克·H·奈特：《风险、不确定性和利润》，商务印书馆2007年版。

［66］菲利普·科特勒：《营销管理》，中国人民大学出版社2001年版。

［67］樊纲：《市场机制与经济效率》，上海三联书店、上海人民出版社1992年版。

［68］干春晖：《企业策略性行为研究》，经济管理出版社2005年版。

［69］高鸿业：《西方经济学》，中国人民大学出版社2005年版。

［70］高旸、余明阳：《品牌需求价格弹性与市场份额的关系——国内手机行业实证研究》，载于《财经研究》2008年第9期。

［71］高宇：《不确定性的产生根源及其降低机制》，载于《财经科学》2008年第1期。

［72］高宇：《生产效率理论的演进及其比较研究》，载于《天府新论》2008年第1期。

［73］高宇：《品牌、转化效率与有效率的生产效率》，载于《石家庄经济学院学报》2008年第2期。

［74］黄合水、雷莉：《品牌与广告的实证研究》，北京大学出版社2006年版。

［75］哈尔·R·范里安：《微观经济学：现代观点》（第六版），三联书店、上海人民出版社2006年版。

［76］吉恩·泰勒尔：《产业组织理论》，中国人民大学出版社1997年版。

［77］戚聿东：《中国产业集中度与经济绩效关系的实证分析》，载于《管理世界》1998年第4期。

［78］黄建欢、梁彤缨：《论市场结构变迁的决定因素——以电信产业为例》，载于《科技管理研究》2006年第3期。

［79］J.卡布尔：《产业经济学前沿问题》，中国税务出版社2000年版。

参考文献

[80] 蒋殿春:《跨国公司与市场结构》,商务印书馆1998年版。

[81] 杰格迪什·谢斯、拉金德拉·西索迪亚:《企业定位法则:3的法则》,机械工业出版社2004年版。

[82] 陆奇斌、赵平、王高、黄劲松:《中国市场结构和市场绩效关系实证研究——从消费者角度识别两者的关系》,载于《中国工业经济》2004年第10期。

[83] 李何:《供求特征、策略性行为对市场结构的作用机理研究》,吉林大学,2009年。

[84] 里斯、劳拉·里斯:《品牌22律》,上海人民出版社2004年版。

[85] 里斯、劳拉·里斯:《品牌之源》,上海人民出版社2005年版。

[86] 里斯、劳拉·里斯:《公关第一,广告第二》,上海人民出版社2004年版。

[87] 里斯:《聚焦法则:企业经营的终极策略》,上海人民出版社2003年版。

[88] 刘志彪、石奇:《现代产业经济学系列讲座(六)——市场结构和公司结构的决定》,载于《产业经济研究》2004年第2期。

[89] 刘志彪、石奇:《现代产业经济学系列讲座:产业经济学的研究方法和流派》,载于《产业经济研究》2003年第3期。

[90] 刘志彪等:《现代产业经济分析》,南京大学出版社2001年版。

[91] 刘小玄:《中国转轨经济中的产权结构和市场结构——产业绩效水平的决定因素》,载于《经济研究》2003年第1期。

[92] 刘华军、孙曰瑶:《厂商市场份额的品牌经济模型及其现实解释》,载于《中国工业经济》2008年第1期。

[93] 刘华军:《国际贸易中的品牌壁垒及其跨越——基于品牌经济学视角的理论和策略研究》,载于《经济学家》2009年第5期。

[94] 刘华军:《品牌经济学的理论基础——引入品牌的需求曲线及其经济学分析》,载于《财经研究》2007年第1期。

[95] 刘华军:《品牌的经济学分析:一个比较静态模型》,载于《财经科学》2006年第8期。

[96] 刘华军:《消费者选择理论的重构——品牌与数量的两步法经济分析》,载于《石家庄经济学院学报》2006年第5期。

[97] 刘华军:《品牌信用及其经济学分析》,载于《山东经济》2006年第4期。

[98] 刘华军:《品牌效用函数与消费者品牌选择行为》,载于《山东财政学院学报》2006年第8期。

[99] 刘华军:《新制度经济学与品牌经济学分析范式的比较研究》,载于《天府新论》2007年第5期。

[100] 刘华军:《品牌的经济分析》,山东大学博士论文,2008年。

[101] 马歇尔:《经济学原理》,商务印书馆1964年版。

[102] 曼昆:《经济学原理》(第5版),北京大学出版社2009年版。

[103] 迈克尔·波特:《竞争战略》,华夏出版社2005年版。

[104] 南希·F·凯恩:《品牌的故事》,机械工业出版社2003年版。

[105] 钱世超:《中国轿车市场结构与企业行为研究》,华东理工大学出版社2006年版。

[106] 卿志琼:《有限理性、心智成本与经济秩序》,经济科学出版社2006年版。

[107] 任曙明:《我国民用航空运输市场结构分析》,载于《中国工业经济》1998年第6期。

[108] 阮敏:《市场结构与横向产品差别化的相互关系分析》,载于《当代经济管理》2009年第5期。

[109] R.科斯、A.阿尔钦、D.诺思等,刘守英等译:《财产权利与制度变迁——产权学派与新制度学派译文集》,上海三联书店、上海人民出版社2005年版。

[110] R.科斯:《社会成本问题》,载于《法学与经济学杂志》1960年。

参考文献

[111] 史蒂芬·马丁：《高级产业经济学》，上海财经大学出版社 2006 年版。

[112] 孙日瑶、刘华军：《品牌经济学原理》，经济科学出版社 2007 年版。

[113] 孙日瑶、刘华军：《经济研究中如何提出正确的问题》，载于《宁夏社会科学》2007 年第 2 期。

[114] 孙日瑶：《品牌经济学》，经济科学出版社 2005 年版。

[115] 孙日瑶：《自主创新的品牌经济学研究》，载于《中国工业经济》2006 年第 4 期。

[116] 孙日瑶、刘华军：《选择与选择成本——品牌降低选择成本的机制分析》，载于《财经论丛》2008 年第 1 期。

[117] 孙巍、武治国、李立明：《产业技术特征与市场结构分化——基于 2000~2006 年中国制造业数据的经验证据》，载于《东北师范大学学报》（哲学社会科学版）2008 年第 3 期。

[118] 托马斯·库恩：《科学革命的结构》，北京大学出版社 2003 年版。

[119] 王海文：《范式的演进与现代经济学的发展》，载于《经济评论》2006 年第 5 期。

[120] 卫志民：《近 70 年来产业组织理论的演进》，载于《经济评论》2003 年第 1 期。

[121] 威廉·G·谢泼德：《产业组织经济学》，中国人民大学出版社 2008 年版。

[122] 谢泼德：《产业组织经济学》，中国人民大学出版社 2007 年版。

[123] 熊彼特：《从马克思到凯恩斯》，江苏人民出版社 2003 年版。

[124] 夏大慰：《产业经济学》，上海财经大学出版社 2000 年版。

[125] 肖文林、高榜：《FDI 流入与服务业市场结构变迁——典型行业的比较研究》，载于《国际贸易问题》2009 年第 2 期。

[126] 亚当·斯密：《国民财富的原因及其性质研究》，商务印书

馆 2005 年版。

[127] 殷醒民：《论中国制造业的产业集中和资源配置效益》，载于《经济研究》1996 年第 1 期。

[128] 殷醒民：《中国工业结构调整的实证分析》，山西经济出版社 2003 年版。

[129] 余明阳：《品牌学》，安徽人民出版社 2004 年版。

[130] 杨治：《产业政策与结构优化》，新华出版社 1999 年版。

[131] 杨蕙馨：《中国企业的进入退出——1985～2000 年汽车与电冰箱产业的案例研究》，载于《中国工业经济》2004 年第 3 期。

[132] 于立、王洵：《当代西方产业组织学》，东北财经大学出版社 1996 年版。

[133] 约翰·菲利普·琼斯：《广告与品牌策划》，机械工业出版社 2000 年版。

[134] 赵坚：《我国自主研发的比较优势与产业政策》，载于《中国工业经济》2008 年第 8 期。

[135] 赵平、胡松、裘晓东：《品牌需求价格弹性与市场份额的关系——对国内彩电行业的实证研究》，载于《南开管理评论》2006 年第 3 期。

[136] 张东辉：《经济学研究方法的变革与现代经济学发展》，载于《东岳论丛》2004 年第 1 期。

[137] 张伯伦：《垄断竞争理论》，三联书店 1958 年版。

[138] 张五常：《科学说需求》，花千树出版社 2001 年版。

[139] 张纪康：《跨国公司进入及其市场效应——以中国汽车产业为例》，载于《中国工业经济》1999 年第 4 期。

附　　录
消费者电冰箱购买行为特征调查问卷

1. 您的性别：○ A. 男性　　○ B. 女性
2. 您的年龄：○ A. 20 岁以下　　○ B. 20～30 岁　　○ C. 31～40 岁　○ D. 41～50 岁　　○ E. 50 岁以上
3. 您几口人一起居住：○ A. 一口　　○ B. 两口　　○ C. 三口　○ D. 四口　　○ E. 五口或五口以上
4. 您的月收入：○ A. 2000 元以下　　○ B. 2000～4000 元　○ C. 4000～6000 元　　○ D. 6000～8000 元　　○ E. 8000 元以上
5. 您现在使用的冰箱是哪个品牌：
   ○ A. 海尔　○ B. 西门子　○ C. 新飞　○ D. 松下　○ E. 三星　○ F. LG　○ G. 美菱　○ H. 容声　○ I. 其他_____（请注明）
6. 您觉得目前使用的冰箱存在哪些问题，最使您不满意（最多选三项）：
   ○ A. 容积不足　○ B. 结霜　○ C. 制冷速度慢　○ D. 噪声　○ E. 箱体内有异味　○ F. 耗电　○ G. 保鲜效果差　○ H. 其他_____（请注明）
7. 如果您未来有购买冰箱的打算，您的预期价位是多少：
   ○ A. <2000 元　○ B. 2000～4000 元　○ C. 4000～6000 元　○ D. 6000～8000 元　○ E. >8000 元
8. 如果选购冰箱，您最看重哪个因素（最多选四项）：
   ○ A. 价格　○ B. 容积　○ C. 保鲜效果　○ D. 噪声　○ E. 冷冻速度　○ F. 节能　○ G. 外观、颜色　○ H. 杀菌、除臭功能　○ I. 品牌　○ J. 服务　○ K. 其他_____（请注明）
9. 您在未来几年内有购买（更换）冰箱的打算：

○ A. 1年　○ B. 2年　○ C. 3年　○ D. 4年　○ E. 5年或5年以上

10. 您更换冰箱的原因：

　　○ A. 新婚或为子女结婚购置　○ B. 新房装修　○ C. 更新换代
○ D. 其他_____（请注明）

11. 您更换冰箱时，愿意选择怎样的品牌？

　　○ A. 国产品牌　○ B. 韩日品牌　○ C. 欧洲品牌

12. 选购冰箱时，您主要依据什么信息来源做决定：

　　○ A. 媒体广告　○ B. 导购人员介绍　○ C. 朋友、亲戚推荐
○ D. 以往使用的经验　○ E. 网络公布的数据、评价　○ F. 自己的主观判断

13. 在商场最终决定购买该品牌，您大约需要与促销员交流多久？

　　○ A. 喜欢就买，15分钟以内　○ B. 30分钟　○ C. 1小时
○ D. 2小时　○ E. 2小时以上

14. 您认为在什么情况下，您会减少选购比较花费的时间：

　　○ A. 媒体广告吸引力大　○ B. 产品（性能、质量、设计）出色
○ C. 朋友、亲戚强烈推荐　○ D. 以往使用体验较好　○ E. 网络公布的数据、评价较好　○ F. 导购人员介绍认真、清晰

后　　记

行文至此，我人生中的重要一页即将翻阅而过。

2008年考博时，我还在济南外驻工作，于生计奔波中追逐自己的梦想；而今，我已经回到南京工作一年多，并最终完成了这本倾注着个人心力的博士论文。2008年，我还与妻过着分居两地的日子，父母也常在担念我只身在外；而今，论文掩卷之际，小儿海涵（小名大麦）已经能说会跑了，家人团聚之乐，融融也。

对于一个怀揣理想主义的知识分子而言，攻读并获取博士学位，就如同在人生的奥斯卡典礼中获得属于自己的"小金人"。此际，心底充盈着感激、感怀和感念。漫漫求学路，风雨兼程，若无众多师友尊长的关怀、鼓励、帮助、支持，以余之鲁钝，何能至此？这注定是一份长长的感谢名单！

首先，我要特别感谢我的导师——孙曰瑶教授。感谢导师对我学业上的精心指导，工作上的言传身教，生活上的关心呵护！孙老师严谨的治学精神、渊博的学识和高尚的人格魅力，将使我终生受益。从论文的选题、构思到写作，孙老师均给予了我许多重要的、关键性的指导，并不厌其烦地反复与我讨论、修改直至定稿。而尤其让我感受深刻的是孙老师"因材施教"的育人思想。孙老师曾在家电行业担任营销高管多年，于深厚理论学养之外，更具有丰富的实战经验。故能在言谈之间纵横捭阖、信手拈来，常令我这个来自销售一线的学生醍醐灌顶，豁然开朗。三年的教诲令我对孙老师的感激之情难以言表，谨此向恩师表示由衷的感谢和敬意！

还有两位师长需要予以特别的感谢——母校南京财经大学财政与税务学院院长石奇教授和北京市东城区教委副主任郭海儒老师。

在本科时，石老师授课的西方经济学，构成了我最初的经济学基础。我的博士论文选题确定为"市场结构"后，作为产业经济学领域的专家，石老师又给我"开小灶"，补了不少产业经济学的知识。我们作为南京经济学院（南财大前身）的首届经济学专业学生，真是受惠匪浅啊！15年师生情谊，是我人生的重要财富。

郭海儒老师是我本科时的班主任。他负笈南京大学读硕、读博，又北上人民大学攻读博士后。从政后，致力教育事业，耕耘不辍。郭老师的坚韧、勤奋、不懈奋斗的求学和人生经历，行为世范，鼓舞了我从读硕、读博一路走来。在我困惑无助之时，两次北京短暂的促膝相谈，郭老师的及时指导，为我开启了迷航。

在本书的写作过程中，我有幸得到于良春教授、侯风云教授、陈蔚教授、徐向艺教授等的悉心指导，在此深表感谢！感谢南京财经大学尹敬东教授、程进教授，南京审计学院李群教授，西南财经大学李文启博士，南京大学陈志广副教授，中国社会科学院彭五堂博士对我写作过程中的指导和帮助。感谢河海大学周海炜教授、汪群教授、美国加州州立大学北岭分校（California State University, Northridge）李明芳教授、丁源博士、周申蓓博士等昔日河海MBA师长的关心和帮助。

衷心感谢同门师兄刘华军副教授和高宇博士对我的帮助和指导。刘师兄深得孙老师学术精髓，熟谙品牌经济学原理，在我论文写作期间，多次与我讨论，为我解疑答惑。坦言之，华军师兄对我论文的写作，着实倾注了不少心力；高师兄在我考博准备期间，以及以后的学习、写作过程中，均给予了极大的帮助、指点。他们的无私关照，令我不胜感激。

感谢同门学弟王振伟的引荐之恩。振伟是孙老师的硕士，"心血来潮"跑到我公司山东办事处兼职做临时促销员，后与我认识，成为好友。2007年春节后我决定考博，他将我引荐至孙老师门下，促成了我的博士学业。由短暂的相处而成为师门兄弟，这一段交往历程，让我感慨：人生中常常蕴含着不可思议的机缘。

衷心感谢于华阳博士对我考博时的热心帮助。感谢刘呈庆、马晓

后　记

云、朱红红等同门师兄、师姐，他们的博士论文一直是我学习的范本；感谢于永娟、丁启军、陈明华、伊淑彪和杨骞等博士班同学对我的支持和帮助，与他们的讨论，一直是我最大的鞭策。

感谢我本科时同居四年的好兄弟吴浩。他远在成都，但多次通过QQ与我讨论，提出了许多意见和建议。此时，他正在备考西南财经大学博士，祝他好运！段晓婧学妹为我搜集了许多资料，为我的文献整理出了不少力，在此深表感谢。

非常感谢我的父母多年来对我的理解和支持。中国传统的寒门父母都有一个共同的特点：尽管从来都弄不懂子女在学什么、做什么，但都固执地认为"书，读得越多越好"。而且，"只要肯读（书），就无条件地支持"！正是这种朴素的情感连同血脉相连的亲情，构成了我们人生最重要的精神支撑和动力之源。

最后，将论文献给我的妻儿：许松丽女士和胡海涵。

胡志刚
2011 年 5 月 30 日

跋

最终决定将这本完成于两年前的博士论文付梓，源于一场以青春名义的聚会——南京财经大学校报记者团20周年纪念会，它激发了我对自我价值的重新思考和确认。十多年前，性喜舞文弄墨的我，加入了那时的学校校报记者团。之后的大学四年，在激扬文字中镀上了青春飞扬的底色，也培养了在学海中思辨探索的志趣。因为追求"知行合一"的圆满，本科毕业后，一边商海沉浮，孜孜于实践，一边学海游曳，碌碌于文思。这样的生活方式或曰生活态度，持续至今。看来，还将持续下去。

作为阶段性的成果，这本《市场结构的品牌经济分析——以中国电冰箱行业的品牌竞争为例》原本只当做个人思考的一个总结，并未考虑到出版。毕竟自己并非学术圈中人，无出成果、评职级之虑。但这次大学时代社团的聚会，却重新拨动了自己内心的学术情结，决意把文字变成铅字，以了却"渐行渐远渐无书"的怅惘。

从2011年获得博士学位已两年，再次"北漂"也已年半有余。在从事营销实务工作的过程中，更深刻地感受到了理论与实务的互动、碰撞和磨合。以"选择成本"为基石的品牌经济学，揭示了消费者行为理性对品牌的作用力。这在市场营销中，称之为"Consumer Insight"（消费者洞察）。从这个角度看，品牌经济学不仅仅是"思"的结果，更是"行"的指南。这种结合，也更贴合自己"知行合一"的追求。我愿在这条道路上继续探索下去。

借此机会，再次感谢我的博士生导师孙曰瑶教授。孙老师的学问通达，世事洞明，兼精于营销实战，书里书外，给予了我更多教诲，让我终生受益。其他于本人完成学位并著文成书给予支持和帮助的诸多师长亲朋，已在博士论文后记中提及和致谢，在此不赘述。

特别地，感谢吴建科先生为本书作序。吴先生在中国家电行业中的实践，为跨国公司与国际品牌在中国市场的本土化提供了"标本式"的范例。本书许多观点的形成，是以这种实践为基础的。他日，希望有机会更加深入地专题研究这一问题。

胡志刚于北京光华里

2013 年 10 月 30 日